LAS SEMILLAS DEL AMOR

Jerry Braza

Prólogo de Thich Nhat Hanh

Las semillas del amor

Cultiva las relaciones conscientes

URANO

Argentina - Chile - Colombia - España
Estados Unidos - México - Perú - Uruguay - Venezuela

Título original: *The Seeds of Love*
Editor original: Tuttle Publishing, an imprint of Periplus Editions (HK) Ltd.
Traducción: Alicia Sánchez Millet

1.ª edición Enero 2013

ISBN: 978-84-7953-835-4
E-ISBN: 978-84-9944-424-6
Depósito legal: B-30252-2012

Fotocomposición: Montserrat Gómez Lao
Impreso por: Rodesa, S. A. – Polígono Industrial San Miguel
Parcelas E7-E8 – 31132 Villatuerta (Navarra)

Impreso en España – *Printed in Spain*

Índice

PARTE 3
Las semillas que todo jardín necesita

PARTE 4
Las semillas que hacen que todos los jardines florezcan

PARTE 5
El compost

Conclusión

Prólogo

Nuestra función como jardineros es elegir, plantar y cuidar las mejores semillas dentro del jardín de nuestra conciencia. Aprender a ver en lo más profundo de nuestra conciencia es nuestro gran regalo y nuestra gran necesidad, puesto que allí se alojan las semillas del sufrimiento y del amor, las mismísimas raíces de nuestra existencia, de quienes somos. La plena consciencia —una semilla en sí misma— es esencial para cuidar de este jardín. Es la guía y la práctica por la cual aprendemos a usar las semillas del sufrimiento para abonar las semillas del amor.

En *Las semillas del amor*, Jerry Braza nos brinda la interpretación de varias tradiciones de sabiduría en sus reflexiones sobre cómo cuidar del jardinero —nosotros— y del jardín —el campo de nuestra conciencia—. Las prácticas de la plena consciencia que contiene este libro son herramientas de jardinería que utilizarás muchas veces.

La presente obra puede ayudar a cualquier persona que esté intentando comprender y cultivar las semillas que crean el verdadero amor en uno mismo y en los demás. Recurre a estas páginas cada vez que necesites un pequeño recordatorio para cuidar de las bellas semillas del amor que hay en tu interior.

THICH NHAT HANH
Marzo de 2011

Introducción

«Cada hoja de hierba tiene su ángel que se inclina sobre ella y le susurra: "Crece, crece".»

El Talmud

Si una tradición antigua nos dice que hasta una hoja de hierba necesita que la animen, ¿cuánto más necesitarán nuestros allegados que les susurremos palabras inspiradoras? Imagina el rostro de un niño al escuchar: «Eres precioso. Puedes hacerlo. Me alegro mucho de que hayas nacido». Imagina la mirada en el rostro de tu amada o amado cuando le dices: «Eres perfecta tal como eres. Eres mi gran alegría. Estoy aquí por ti. Gracias por formar parte de mi vida».

Y si siempre te estuvieran susurrando: «Me gustas tal como eres», ¿cómo sería tu vida? ¿Te sería más fácil susurrar palabras de aliento a las personas que amas?

Adquirir la sabiduría y la percepción que necesitas para crecer y vivir en una atmósfera de amor, compasión y amabilidad te preparará para poder regar adecuadamente esas mismas semillas en la vida de otras personas. Como pareja, padre o madre, familiar o amigo; todos queremos que nuestras relaciones crezcan con amor. Anhelamos amar con más profundidad, eliminar barreras y abrir nuevos caminos hacia el amor para poder hallar la verdadera felicidad. En nuestras relaciones es donde brotan y son abonadas o descuidadas, las semillas del amor, incluida la relación que mantenemos con nosotros mismos. Las relaciones sanas y solidarias enriquecen nuestro viaje por la senda de la vida. Nos ayudan a definirnos y muchas veces nos enseñan las lecciones que necesitamos aprender por el camino. ¿Estás dispuesto a ponerte en marcha con la fe? Nuestro viaje comienza en el sendero de un jardín. Igual que un jardín, las relaciones requieren una atención esmerada. Con esa imagen presente indagaremos a fondo sobre las semillas que crecen en el jardín de nuestra conciencia. Descubriremos de qué forma la práctica de la plena consciencia o vivir en el momento presente, puede convertirse en nuestro instrumento más valioso para abonar las semillas del amor y transformar las semillas del sufrimiento.

En mi juventud dediqué muchas horas a ayudar a mis padres en el huerto que teníamos en casa. Los frutos de nuestro esfuerzo nos aportaban alimentos durante los largos inviernos de Wisconsin. Pero el esfuerzo de cuidarlo —abonar, labrar la tierra, plantar las semillas y regar los cultivos— tenía su propia recompensa, incluida la oportunidad de contemplar la transformación de las semillas cobrando vida. Estoy seguro de que mis padres estarían encantados de saber que el huerto se ha convertido en una metáfora y en una fuente de inspiración para mí, en un símbolo de los fértiles cimientos de nuestro bienestar espiritual y emocional.

Estas simientes, tanto positivas como negativas, que van siendo regadas a lo largo de nuestra existencia influyen y afectan en nuestra calidad de vida desde el día en que nacemos hasta nuestra muerte. Todas nuestras relaciones con las personas, situaciones, ideas —incluido lo que consumimos y absorbemos de los medios de comunicación— tienen un efecto en nuestros sentidos y en nuestra conciencia. Acceder a lo más profundo del mundo interior de nuestra conciencia es como remover la tierra de nuestro huerto. Tanto si sólo rastrillamos la superficie como si cavamos hasta las raíces, estamos dando forma al huerto de la conciencia para que desarrolle relaciones positivas y un yo saludable. Si te dedicas a cuidar de tu huerto, serás consciente de tu conciencia almacén, aprenderás a concentrarte en fomentar conductas constructivas y en transformar las dificultades que experimentas en tu vida.

Si reflexionamos sobre nuestra vida como si fuera un jardín, nos daremos cuenta fácilmente de cómo hemos llegado hasta donde estamos hoy basándonos en las semillas que regaron dentro de nosotros. Los padres u otras personas que educan a los niños con cariño y moderación pueden ver el fruto de sus esfuerzos cuando sus hijos prosperan sin dificultad y adquieren compromisos en el transcurso de sus vidas. Por otra parte, en mi trabajo como voluntario con los presos de las penitenciarías de mi zona, desgraciadamente, he podido comprobar que ha habido personas importantes en la vida de la mayoría de los convictos que regaron con demasiada generosidad las semillas negativas de su conciencia.

En la mayoría de las tradiciones de los primeros pobladores americanos, los abuelos instruyen a los nietos sobre la vida. «En mi interior hay una lucha constante —le dijo un abuelo cheroki a su nieto—. Es una horrible lucha entre dos lobos. Uno es malo. Es la ira, la tristeza, los remordimientos, la avaricia, el resentimiento, la inferioridad, las mentiras, la superioridad y el ego. El otro es bueno. Es júbilo, paz, amor, esperanza, amabilidad, empatía, generosidad y compasión. Dentro de ti se entabla la misma lucha, y también dentro de todas las personas.»

El nieto reflexionó un momento y le preguntó: «¿Qué lobo ganará?» El abuelo simplemente respondió: «Aquél al que le des de comer».

Es fácil regar las semillas de la alegría, de la compasión y de la amorosa benevolencia cuando estamos verdaderamente presentes con los demás y celebramos su existencia en nuestras vidas. Nuestro principal objetivo es visualizar a las personas que forman parte de nuestra vida —incluso las que sólo están de paso— como si fueran un valioso jardín, para descubrir qué semillas hemos de regar con la comprensión de que si las exponemos a elementos negativos, éstos pueden perjudicar los brotes que están a punto de florecer si no los cuidamos adecuadamente.

Para cuidar de tu jardín espiritual y emocional, necesitarás un juego de herramientas o habilidades en las que apoyarte y que te ayuden a abonar el campo de tu conciencia y las semillas que has plantado a lo largo de tu vida. La plena consciencia, o la práctica de ser consciente del momento presente, puede ser la principal herramienta en tu labor de jardinería.

En algún momento de nuestra vida, muchas personas nos damos verdadera cuenta de que hemos vivido de una manera inconsciente y de lo fácil que es dejarse llevar por el ajetreo y por la preocupación incesante por el futuro. Aunque esta revelación suele llegar con el tiempo, la sabiduría puede ayudarnos a que la experimentemos a cualquier edad. Con la práctica de la plena consciencia podremos ver claramente las semillas que cambiarán o mejorarán la calidad de nuestras relaciones. La plena consciencia nos ofrece la oportunidad de alejarnos de las distracciones cotidianas y de aprender a estar en el aquí ahora para desarrollar la verdadera presencia y comprender que el amor y la felicidad están confinados al presente.

Poco a poco nos vamos dando cuenta de que no sólo existe el sustantivo «amor», sino también el verbo «amar», y que amarse a uno mismo y a los demás implica una acción, una práctica y un crecimiento constante. Vivir plenamente significa vivir en el presente y regar las semillas del amor en nuestro interior y en los demás. Reflexionar sobre la impermanencia de la vida puede crearnos ansiedad o inspirarnos y motivarnos a alcanzar el final de nuestro viaje por la vida con un rotundo «¡Sí!» a la pregunta: «¿Supe amar bien?»

La esencia de este libro son las enseñanzas de uno de los maestros zen más queridos en el mundo, Thich Nhat Hanh. Este venerado maestro vietnamita ha dado a conocer el concepto de la plena consciencia en Occidente, y nos recuerda que no es necesario ser budista para realizar esta práctica. Sus hermosos escritos sobre las semillas de la conciencia me inspiraron a observar profundamente las semillas que se han ido regando a lo largo de mi vida y cómo han influido en mis relaciones. Cuando tuve el honor de ser ordenado maestro del *dharma*, Thich Nhat Hanh me animó a que mi futuro trabajo y la esencia de mi enseñanza se basaran en «regar las semillas del amor». Este concepto pronto se convirtió en una poderosa forma de profundizar en mis relaciones y transformarlas. Me hice consciente de las cualidades que contribuían al desarrollo del amor y afronté el reto de transformar las semillas que podían ser perjudiciales para los demás y para mí mismo. Descubrí que la plena consciencia era vital para el desarrollo del amor e imprescindible para descubrir qué semillas hemos de regar.

Espero que ganes discernimiento e inspiración, que te inciten a convertirte en un experto jardinero y que consigas transformar las semillas que has de curar y regar las que necesitan agua, para que tú también puedas crecer en el amor. En muchas universidades que gozan de subvenciones federales se imparten programas de Master Gardener*, donde los alumnos aprenden a cultivar la

---

* Maestro Jardinero o Master en Jardinería. Programas de horticultura y jardinería gratuitos que se imparten en universidades o instituciones de estudios superiores en Estados Unidos y Canadá que reciben fondos federales, donde se forma a los voluntarios a cambio de que después den conferencias, hagan demostraciones y realicen muchas otras labores para la comunidad. (*N. de la T.*)

Puesto que el autor utiliza este término como metáfora, aunque el término inglés *garden* puede ser tanto un jardín como un huerto, por razones estéticas y para facilitar la lectura utilizaré «jardín» o «jardinero», salvo cuando el autor especifica claramente que está hablando de un huerto. (*N. de la T.*)

tierra y luego asesoran a otros que también quieran dedicarse a ello.

Cuando descubras tu capacidad para fomentar ciertas cualidades, te convertirás en el más hermoso de los jardines antes de dirigir tu influencia hacia tus seres queridos.

Acompáñame en este viaje de convertirte en maestro jardinero de tu vida y de tus relaciones. Que tengas una generosa cosecha, que perdure después de tu muerte y que se convierta en tu legado.

«Aunque no cuides ningún huerto, eres el jardinero de tu propia existencia, de la semilla de tu destino.»

COMUNIDAD DE FINDHORN

PRIMERA PARTE

Abonar al jardinero: prácticas diarias para cultivar las relaciones conscientes

«Cómo sea el jardinero, así será su jardín.»

El punto de partida para desarrollar relaciones saludables y conscientes somos nosotros mismos. Hay tres prácticas —Ver, Renovar y Ser— que te ayudarán en tu proceso de convertirte en el maestro jardinero de tu vida y de tus relaciones.

En el primer capítulo, que trata sobre Ver, aprenderás a ver a cada persona con la «mente del principiante», a estar abierto y a aceptar, a desarrollar las cualidades de la fe y de la paciencia, aspectos que nos aportan los cimientos para mantener relaciones saludables. El capítulo 2, que trata sobre Renovar, nos ofrece opciones para renovarnos y renovar nuestras relaciones a través de las tres prácticas —silencio, espacio, pausa—. El último capítulo trata de la práctica de Ser o de la plena consciencia, para estar presentes y receptivos a lo que está sucediendo dentro de nosotros y a nuestro alrededor. Es una forma de ver, es una lente que nos ayudará a regar las semillas del amor en nuestro interior y en el de los demás.

1

Ver: todo empieza con el jardinero

«En la mente del principiante hay muchas posibilidades, pero en la del experto sólo unas pocas.»

SHUNRYU SUZUKI

Me encanta contemplar a lo largo del año el jardín y el huerto que tengo en la parte de atrás de mi casa; hacerlo me recuerda todos los elementos que necesita para potenciar su crecimiento y su vitalidad. Hace unos días mi esposa fue a un centro de jardinería a comprar varias semillas de plantas de temporada para plantarlas en más de quince macetas en nuestro patio. Tras esperar pacientemente durante varios días a que dejara de llover, las ordenó con cuidado por colores y tamaño y plantó cada una con la mezcla adecuada de fertilizante y compost. Se paró un momento a admirar su obra de arte, expresó su esperanza de que dieran su fruto y reconoció con admiración que el proceso de jardinería requiere la actitud de estar receptivos y de aceptar incondicionalmente todo lo que va a florecer.

La primavera es la estación de la potencialidad; los capullos nuevos y los brotes tiernos nos invitan a creer en las posibilidades. El verano es la estación del crecimiento y de la recompensa, vemos el fruto de nuestro trabajo, recogemos el primer tomate y calabacín y apreciamos lo que nos han aportado varios meses de paciencia. El otoño, por otra parte, equivale a recolecta, un momento para aflojar el ritmo y prepararnos para un período de descanso. Cada estación del año nos incita a una actitud diferente para contemplar el jardín de nuestras relaciones y nuestro propio jardín.

Del mismo modo que el jardín guarda las semillas, los bulbos y las raíces de las plantas —incluidos los hierbajos— que vemos en la superficie, nuestro corazón guarda las cargas cotidianas, las circunstancias que nos provocan estrés en nuestra vida y las dificultades a las que todos nos enfrentamos; especialmente ésas que nos despiertan a medianoche. Utiliza la metáfora del jardín o del huerto como punto de partida para expandirte y explorar nuevas formas de contemplarte a ti mismo y contemplar tu vida. ¿Qué te parecería tener una actitud nueva y receptiva ante la vida? ¿Empezar a aceptarte a ti mismo en lugar de juzgarte? ¿Creer verdaderamente en ti mismo, para poder medrar con paciencia y fe? A veces nos cuesta un poco darnos cuenta de que ciertas conductas o actitudes no conducen a nada y que no podemos resolver los problemas del pasado con ideas o actuaciones desfasadas. Empieza a verte con nuevas posibilidades y escucha el susurro de «crece, crece».

La mente del principiante (receptividad)

Como profesor universitario se supone que soy un experto, no obstante, intuitivamente siempre he estado convencido de que poseer la mente del principiante o de alguien que conserva la curiosidad de un niño es una gran ventaja para aprender. Estoy totalmente de acuerdo con la afirmación de Suzuki de que «En la mente del principiante hay muchas posibilidades, pero en la del experto sólo unas pocas». Aprender a ver la vida con la mente y corazón receptivos es la actitud del principiante.

Uno de mis antiguos alumnos era parapléjico y tenía deformidades visibles. Era maravilloso tenerle en clase. Se desplazaba por el campus tumbado en una especie de camilla-cochecito que movía accionando una bolita con su boca. Recuerdo que nos contó que los niños se le acercaban y le hacían preguntas o comentarios: «¿Qué te ha pasado en las piernas?» o «¡Qué carrito tan bonito!» Mientras los niños con su mente de principiantes expresaban su curiosidad abiertamente y le aceptaban sin más, los padres solían sentirse incómodos, tener miedo o ser críticos.

¿Cómo podemos recobrar de adultos la mente del principiante? Hemos de empezar por deshacernos de la carga de las experiencias del pasado y de los recuerdos que desvirtúan nuestra percepción. Sin ellos nuestra mente no tiene impedimentos para aceptarnos a nosotros mismos y a los demás, y podemos vernos con una visión totalmente renovada. Vivir como un principiante nos proporciona la actitud mental ideal para aprender, enseñar y relacionarnos. Imagina lo maravilloso que sería poder ver conscientemente a una persona conocida como si fuera por primera vez, sin ideas preconcebidas de quién es, sin cargas, sin recuerdos que alteren nuestra percepción. «Las energías del hábito» —nuestra forma inconsciente o robótica de contemplar las cosas— suelen nublar nuestra percepción de los demás, especialmente de las personas que tenemos más cerca. Comparemos nuestras percepciones con las de los niños, que continuamente se quedan abstraídos con algo que les gusta y descubriendo cosas. Esta comparación es un recordatorio y una paradoja para nosotros sobre cómo podemos experimentar a los demás y a nosotros mismos sin los modelos que hemos construido acerca de cómo «deberíamos» ser y lo que «deberíamos» hacer.

La aceptación incondicional y la mente no crítica

Imagina cómo te sentirías si supieras que en tu vida hay personas que te aman y te aceptan incondicionalmente, sin juzgarte. Personas que te ven perfectamente, tal como eres, y que no has de esforzarte para ponerte a prueba o conseguir su aceptación. ¿Cómo te sentirías? Ahora haz una pausa y reflexiona sobre lo que piensas de los demás. ¿Cuántas veces te das cuenta de que intentas cambiar a alguien? ¿Cuánta energía inviertes en intentar «arreglar» las cosas con esas personas o cambiar sus conductas o decisiones? Como la mayoría hemos aprendido a ser críticos con nosotros mismos, es normal que juzguemos —e incluso rechacemos— a los demás.

Cuando amamos a alguien deseamos lo mejor para esa persona, sin embargo, nuestro deseo de ayudarla suele quedar enmascarado por nuestra percepción de lo que creemos que es lo mejor para ella. Esa percepción puede que se base en lo que nosotros queremos en lugar de en lo que esa persona necesita. Los jardines, como la vida, sólo pueden florecer cuando aceptamos las condiciones tal como son. Uno de mis mantras favoritos «Esto es lo que hay» puede ayudarnos a crear unos cimientos de aceptación que nos sirvan para aprender nuevas formas de potenciar las cualidades que apoyan la vida y transformar las que van en contra de la misma.

La aceptación incondicional de los demás surge de una aceptación profunda e incondicional de nosotros mismos. ¿Cuántas veces nos concentramos en las imperfecciones externas menores en lugar de hacerlo en nuestra verdadera personalidad? Por desgracia, es bastante habitual que sólo seamos conscientes de lo que sucede en un plano superficial de nosotros mismos y de los demás y que nos concentremos más en los atributos negativos que en los positivos.

«Imagina que no pudieras ver la mitad del mundo. Que la mitad de la persona que estuviera sentada delante de ti nunca pudiera ser vista, que la mitad del jardín nunca fuera visto u olido, que la mitad de tu vida nunca hubiera sido presenciada y valorada.»

ARTHUR ZAJONC

Si realmente amamos a alguien, hemos de partir de la actitud de la aceptación incondicional, de la mitad que vemos y de la mitad que no vemos. Hemos de aceptar esas facetas desconocidas como el misterio y el viaje de descubrimiento de nuestra pareja en la relación. Amar a otros requiere aceptación y no ser críticos, a pesar de lo que consideremos vulnerabilidades e imperfecciones. Significa amar a la otra persona no sólo cuando nos complazca o haga felices, de modo que nuestras acciones digan «Te amo por lo que eres y no sólo por lo que complace a mi ego». Cuando en una relación hay una opinión subyacente o la necesidad de que la otra persona sea distinta, eso condiciona nuestra visión de nuestro ser querido. En tales casos, nuestras palabras o conductas puede que estén transmitiendo: «Te amo si te ajustas a mis necesidades y expectativas». Es fácil ver a los demás de este modo cuando se ha regado y reforzado la semilla de la crítica dentro de nosotros. Con el tiempo, la crítica puede transformarse en resentimiento, y cuando surge el resentimiento, es imposible amar de verdad.

¿Recuerdas la primera impresión que tuviste al conocer a alguien y la opinión que te formaste respecto a la misma? Los futuros encuentros pueden continuar alimentando esta primera opinión hasta llegar a convertirse en un cliché. Si no somos conscientes de la opinión que nos hemos formado, pueden transcurrir meses e incluso años hasta que nos demos cuenta de que esa creencia ha estado ensombreciendo su verdadero yo, sus verdaderos talentos y su verdadera personalidad.

Admito que yo también me he creado inconscientemente una opinión sobre mis alumnos el primer día de clase basándome en su personalidad o en los talentos que creo haber percibido. Una vez llegó a mi clase una de esas personas, y era fácil darse cuenta de que había tenido algún tipo de accidente o traumatismo que le había provocado su incapacidad. Al principio, no tenía muy claro qué era lo que podía hacer para ayudarle en su aprendizaje. Sabía que tenía que conocerle mejor y le invité a que viniera a visitarme en mi horario de despacho. Al poco tiempo me enteré de que había sufrido dos accidentes casi mortales que le habían provocado esas incapacitaciones crónicas. Tras una fachada de lucha física había una persona fuerte que había superado muchos obstáculos para sobrevivir y triunfar. Al trascender rápidamente la idea que me había forjado y poder verle con amor incondicional y aceptación, descubrí el verdadero potencial de esa persona, pero lo más importante es que ella descubrió su propio potencial y valía. La aceptación que encontró, le ayudó a destacar mucho más allá de las expectativas de todos, incluidas las suyas propias. Vino a todas mis clases y al final llegó a ser profesor adjunto. Tras cinco años y reuniones casi semanales, consiguió su máster. Se cultivó en el amor y siempre demostró su gratitud hacia todos los que le habían ayudado. En su graduación, además de darme una copia de su tesis doctoral, me obsequió con un libro que había escrito que tituló *Los miércoles con Jerry*. Imagina lo distinto que habría sido el resultado si le hubiera juzgado en nuestro primer encuentro.

La fe

Desarrollamos nuestro mayor potencial de crecimiento seleccionando primero las mejores semillas. Al elegir las semillas demostra-

mos nuestra fe de que germinarán y tendrán un crecimiento saludable, y también necesitamos fe en nuestra espera de ese crecimiento,
antes de poder disfrutar de las flores y de los frutos.

> *«Somos los jardineros que identificamos, regamos y*
> *cultivamos las mejores semillas. Necesitamos creer que en*
> *nuestro interior tenemos las mejores semillas, y entonces, con*
> *la atención apropiada, hemos de estar en contacto con las*
> *mismas a lo largo del día.»*

THICH NHAT HANH

Igual que sabemos instintivamente que una semilla germinará,
nuestra fe en los demás también es instintiva. Es la filosofía subyacente que sustenta nuestra propia existencia. Un niño confía en que
su madre cubrirá todas sus necesidades, o cree que su manta favorita le abrigará y le protegerá. Todos deseamos un lugar sólido y seguro para establecernos —un refugio donde seamos aceptados— y
confiamos en que ese lugar existe. El refugio de las relaciones es el
primer lugar donde aprendemos a confiar, donde probamos nuestras alas y aprendemos las habilidades que necesitamos de la otra
persona para que las dos podamos evolucionar.

Cuando mi esposa y yo elegimos nuestros anillos de boda, decidimos conjuntamente incluir una gema verde para recordarnos
nuestro compromiso de crecimiento conjunto. Esa decisión que to-
mamos hace más de treinta años se ha convertido en el epicentro de
nuestra relación: amarnos y confiar el uno en el otro incondicionalmente, evolucionar como personas y comprometernos al crecimiento constante de nuestra relación. Sea cual sea el tipo de relación, el crecimiento se basa en la fe, lo que a su vez hace que
aumente la fe.

«Los que no tienen fe en los demás no podrán valerse por sí mismos. Los que siempre sospechan estarán solos.»

Sheng Yen (de *The Buddha is Still Teaching:*
Contemporary Buddhist Wisdom de Jack Kornfield)

La paciencia

En la era de la comunicación instantánea y comida rápida, nuestra dependencia de los adelantos modernos hace que nos resulte normal esperar gratificaciones y resultados inmediatos. Por desgracia, esas expectativas afectan a otras áreas de nuestra vida, incluyendo la jardinería. Recuerdo mi curiosidad por el lento crecimiento de las espinacas de mi huerto. Me preguntaba por qué tardaban tanto en florecer y empecé a arrancar algunos pequeños brotes. Casi al momento, me di cuenta de que debido a mi impaciencia había destruido las raíces y su potencial para crecer. Tanto en las relaciones, como en el jardín, el crecimiento es lento. Esperar que los otros florezcan antes de que hayan madurado es como intentar forzar el crecimiento de las espinacas.

En el transcurso del día, procura adoptar la actitud de tener la mente abierta para ver siempre a todas las personas y experiencias con los ojos de un niño. Observa a tu pareja, familia y amigos como si los vieras por primera vez. Desapégate de lo que sucedió en el pasado, abre los ojos y el corazón. Contémplalos con aceptación incondicional, fe y paciencia, observa cómo van atravesando estaciones de crecimiento y floración.

«La verdadera paciencia implica la voluntad amable de dejar que la vida se desarrolle a su propio ritmo. A su vez, esta voluntad requiere plena consciencia.»

Joan Borysenko

Práctica:

- Reflexiona sobre cómo te has sentido cuando has recibido amor incondicional, aceptación y confianza. ¿Cómo te ha ayudado a verte a ti mismo y a ver a los demás de otro modo?
- ¿Cómo cambiaría tu vida si empezaras a verla y a experimentarla como un niño, como si lo hicieras, vieras y sintieras todo por primera vez?
- ¿Cómo sería tu vida si descubrieras algo nuevo sobre ti todos los días? Trasciende la parte visible para explorar el misterio que encierra tu totalidad, las partes que suelen estar ocultas y enterradas dentro de ti.

2

Renovar: cuidar del jardinero

«Si yo no velo por mí, ¿quién lo hará? Si sólo velo por mí,
entonces, ¿qué soy? Si no lo hago ahora, ¿cuándo?»

RABINO HILLEL

¿Haces una pausa alguna vez, estás en silencio y encuentras un espacio en tu ajetreada vida? Muchas veces llenamos nuestras vidas de ocupaciones porque tenemos miedo de lo que puede surgir en los momentos de silencio, espacio y calma. ¿Qué es lo que estamos intentando evitar?

Los agricultores experimentados conocen el valor de dejar descansar la tierra o que quede en «barbecho». Cambian de lugar los cultivos, y cada equis años dejan de plantar en ciertas zonas durante una estación o dos para que descanse la tierra y se revitalice el terreno. En la Biblia está escrito que cada siete años no se trabaje la tierra, y que los pobres tomen lo que crezca en ella espontáneamente, de este modo se benefician tanto la tierra como los menos favorecidos. Esto era para cumplir con la tradición del *sabbath* o del séptimo día como día de descanso. El jardinero, al igual que la tierra y los jardines, también necesita tiempo para descansar y renovarse.

Nuestra sociedad, en lugar de dedicar un tiempo a renovarse

está atrapada en una epidémica «enfermedad de la prisa». Todo el
mundo está tan ocupado que, como dijo William James: «Viven en
un estado de incesante frenesí, creyendo que deberían estar haciendo alguna otra cosa y no la que están haciendo en ese momento».
No hace mucho estuve en Washington. Cada día iba a la estación de ferrocarril con tiempo suficiente para aparcar antes de subir
al tren. Tras cuarenta minutos de viaje los pasajeros bajaban del tren
y abandonaban la estación, caminando deprisa para llegar a sus ofi-
cinas. Un día, en uno de esos desplazamientos se me cayó la tarjeta
del metro en el molinete de la máquina de acceso, y por esos segundos de tiempo que perdí con esa torpeza, se me escapó el tren. Esto
desencadenó una serie de eventos en cascada que me obligó a recorrer corriendo seis manzanas por una calle atestada de gente, para
llegar a tiempo a mi cita. A pesar de mi práctica de la plena consciencia, me di cuenta de que pronto me sumergí en ese entorno y en
su acelerada energía en la que hay tantas personas que parecen estar
a sus anchas. Al cabo de unos días recordé los tiempos en que ese
alocado estilo de vida —menos el tren— formaba parte de mi ruti-
na diaria.

Aunque ahora esta enfermedad de la prisa ya no es habitual en
mí, estoy sintonizado con esas semillas que tengo dentro y reconozco fácilmente a las personas que hay a mi alrededor que viven de
este modo frenético todos los días, y que rara vez tienen —o se toman— tiempo para hacer una pausa, calmarse y refugiarse. Todo
ser vivo busca la seguridad y el refugio de un lugar de descanso, ya
sea en la naturaleza o en algún sitio tranquilo. ¿Dónde puedes encontrar ese refugio en tu vida?

No obstante, el «refugio» puede ser engañoso. Tras el estar siempre ocupado, el miedo, el alcohol, las drogas y la comida se oculta
un falso refugio, cualquier cosa que sirva para anestesiar el dolor
por lo que está sucediendo y evitar afrontar directamente los problemas que se nos presentan. El verdadero refugio está en el mo-

mento presente, en regresar deliberadamente a nosotros mismos para volver a conectar con nuestro auténtico yo y con lo que estamos experimentando. Cuando tenemos la capacidad de refugiarnos en amarnos a nosotros mismos y a los demás, es que hemos alcanzado un estado donde reina la seguridad y el amor. Refugiarse en la naturaleza y en uno mismo nos ofrece oportunidades para realizar las tres prácticas: *silencio*, encontrar *espacio* en nuestras ajetreadas vidas y *dedicar* un tiempo a *hacer una pausa* y descansar en el camino.

El silencio

Normalmente, hallo mi verdadero refugio en un monasterio de mi localidad, donde las personas pueden acudir a orar, reflexionar y meditar. En la medida que mi tiempo me lo permite, me paso el día reflexionando, descansando y escribiendo. En una de estas estancias recientes, me impactó el silencio y la ausencia de estímulos exteriores, salvo por el ruido esporádico de algún vehículo lejano. Era maravilloso pasear junto a las flores silvestres y los jardines impecablemente cuidados que rodean los modestos edificios. Generalmente, tras un día en este entorno vuelvo a casa renovado. Retirarme del mundo exterior me aporta consuelo y descanso para mi mente, cuerpo y espíritu. En el monasterio hay un panfleto para los visitantes, una invitación a entrar en la «quietud», a revisar nuestras vidas y a abrirnos para poder acceder a una sabiduría superior. Hay un cartel en la entrada de la sala de meditación que dice: «EL SILENCIO ES TAN PROFUNDO COMO LA ETERNIDAD». Este entorno propicia la oportunidad de practicar la escucha atenta.

En el silencio la mente se aquieta sin dificultad, entonces el cuerpo y la mente son un reflejo del entorno exterior. Es más fácil desacelerar nuestro pensamiento y concentrarnos en nuestros patro-

nes habituales —como la preocupación y el miedo— y redirigir
nuestra mente hacia pensamientos saludables y renovadores. Incluso una breve estancia en un entorno tranquilo puede bastar para
aportarnos ese descanso y renovación. No necesitamos ningún método o preparación complicados para beneficiarnos del silencio,
sólo la intención de dar prioridad al mismo.

Gracias a mi práctica de la meditación he aprendido que, incluso aquietando la mente hay pensamientos, aunque en la soledad y
en un entorno natural no estemos tan «reactivos» a los mismos.
Podemos aprender a observar nuestros miedos y preocupaciones,
del mismo modo que observamos las flores y el entorno salvaje que
nos rodea en este refugio natural —posiblemente, en nuestro propio jardín—. Puede que no puedas permitirte el lujo de ir a un monasterio para aislarte de tu ajetreada vida; pero un paseo lento, ir a
un parque o sentarte en el porche o patio puede tener los mismos
efectos beneficiosos.

La ausencia de ruido exterior facilita que entablemos una conexión más profunda con la naturaleza y con los demás. Quizá la
única cualidad que define a todas las tradiciones místicas sea «Interser», que muchas veces se describe como la unidad con todo.
Después de pasar algunos días en la naturaleza o asistiendo a retiros, suelo volver renovado y conectado con la naturaleza y con los
demás de un modo más profundo. Al entrar en la corriente del silencio, experimento el Interser de formas personales. Aunque suelo
estar solo en esos lugares silenciosos, me siento conectado con todo
y jamás me siento solo.

En varias tradiciones de meditación existe el concepto del «silencio noble», que significa unificar el cuerpo, el habla y la mente
a lo largo del día. En el noble silencio, se te ruega que no hables
salvo cuando se trate de una comunicación esencial en las comidas o tareas. Cuando guardamos silencio, es más fácil acallar la
mente porque no hay necesidad de responder constantemente a

múltiples conversaciones y diálogos. Nos basta y nos sobra con las incesantes charlas que tienen lugar dentro de nuestra propia mente. Cuanto más practico el noble silencio, más voy descubriendo lentamente la felicidad que existe entre las palabras y el estar en presencia de otros sin la necesidad de expresar verbalmente cada pensamiento.

«El silencio es algo que procede de nuestro propio corazón y no de alguien que esté afuera. Si estamos verdaderamente en silencio, no importa en qué situación nos encontremos, podremos disfrutar del silencio. El silencio no significa sólo no hablar y no hacer ruido. Silencio implica no alterarnos por dentro, el cese de la conversación interior.»

THICH NHAT HANH

El espacio

Cada verano nos sorprendemos al ver cómo algunas plantas de hoja perenne invaden algunas zonas del jardín. Año tras año hemos de podar la crocosmia para que otras plantas menos resistentes tengan espacio y luz.

En nuestra ajetreada vida crear espacio para priorizar las actividades de «ser» en lugar de las de «hacer» siempre aporta renovación y curación. Antes me resultaba fácil llenar mi agenda diaria hasta los topes, como una taza de café con poco sitio para la crema de leche. El otro día me fui a tomar mi bebida favorita y el camarero me dijo: «¿Lo quiere con espacio?» (se refería a si quería añadirme crema de leche). Cada vez que oigo esa frase, recuerdo que está bien tener menos citas, comidas o encuentros para tomar café y tener tiempo para estar tranquilo y reflexionar. Ser consciente de que «menos es más» puede ser más importante con la edad o quizá con la sabiduría.

Cuando a un famoso pianista le preguntaron por qué era tan hermosa su música, respondió: «Toco las teclas como los demás músicos. Es el espacio entre las notas lo que las embellece». El espacio entre las notas y el espacio entre los objetos es lo que da el contraste y la belleza. Una de mis aficiones favoritas es la fotografía, y uno de mis temas favoritos, como probablemente habrás adivinado, son las flores. Encontrar espacio y diferenciarlas proporciona contraste y belleza, y luz suficiente para ver estas cosas.

«Lo que hace que prenda el fuego es el espacio entre los troncos. Un espacio para respirar. Demasiado de algo bueno, demasiados troncos apiñados, pueden sofocar las llamas del mismo modo que lo haría el agua. Por lo tanto, para preparar un fuego hemos de prestar tanta atención a los espacios que dejamos entre medio como a la madera... Un fuego prende simplemente porque hay espacio para que la llama que sabe cómo arder encuentre su camino.»

Judy Brown

Hacer una pausa y descansar

Del mismo modo que los jardines necesitan renovarse durante el invierno y los campos de cultivo descansar durante un año o más para dar mejores cosechas en el futuro, nosotros necesitamos tiempo para hacer una pausa y descansar. En todas las tradiciones religiosas se contempla el tiempo de descanso y renovación. Tanto si es el *shabbat* o *sabbath*, o simplemente el «día de holgazanería», el resultado de renovación personal es el mismo.

Cuando era pequeño, el domingo era el día de descanso de mi familia, comenzábamos yendo a la iglesia, luego proseguíamos con un desayuno especial y tiempo para relajarnos. Después, al mediodía, disfrutábamos de la mejor comida de la semana. Muchas veces nos juntábamos con otras familias del barrio y organizábamos la comida en un parque o en el lago si era verano. Después de comer juntos, mis primos y yo nadábamos o jugábamos en el parque. Celebrábamos el *sabbath* sin grandes pretensiones y siempre nos sentíamos renovados. A medida que transcurría el día se hacía más cuesta arriba, puesto que el lunes significaba volver a la escuela. Sin embargo, siempre me sentía mejor sabiendo que al menos un día, descansábamos y teníamos tiempo para recuperarnos.

«En nuestra conciencia también hay heridas, mucho sufrimiento. Nuestra conciencia también necesita descansar para recuperarse. Nuestra conciencia es como nuestro cuerpo. Nuestro cuerpo sabe curarse a sí mismo si le damos la oportunidad para hacerlo. Lo mismo sucede con nuestra conciencia; ésta sabe curarse si le permitimos que lo haga. Pero no lo hacemos. Siempre intentamos hacer algo. Nos preocupamos tanto por curarnos que no logramos la curación que necesitamos. Sólo si sabemos permitir que descansen, nuestro cuerpo y nuestra alma podrán curarse a sí mismos.»

THICH NHAT HANH

Para lograr un crecimiento generoso en primavera, dejamos que los parterres de nuestros jardines queden desnudos en invierno. Nosotros también hemos de pulir nuestras vidas de tanta actividad, y pasar temporadas en barbecho para poder escuchar a nuestro cuerpo, nuestros pensamientos y nuestros sentimientos. En el silencio escuchamos lo que necesitamos, en el espacio vemos la belleza que hay dentro y fuera de nosotros y en las pausas es cuando verdaderamente somos capaces de disfrutar de la vida y de nuestros seres queridos.

Práctica:

- ¿De qué formas encuentras tiempo para hacer una pausa en tus rutinas diarias y semanales?
- Reflexiona sobre alguien o algo que represente la belleza en tu vida. ¿Qué papel desempeña la condición del espacio en ensalzar esta belleza?
- En los momentos de silencio en tu vida, ¿qué es lo que se manifiesta: momentos de placer o de miedo?

Aunque tengas una agenda muy ocupada, encuentra el momento para estar en silencio, crear espacio y hacer una pausa en el camino.

«Entre el estímulo y la respuesta hay un espacio. En ese espacio está el poder de elegir nuestra respuesta. En nuestra respuesta se encuentra nuestro crecimiento y nuestra libertad.»

VIKTOR E. FRANKL

3

Ser: regar las semillas
de la plena consciencia

*«De todas las prácticas de sabiduría meditativa que se han
desarrollado en las culturas tradicionales de todo el mundo y
a lo largo de la historia, la de la plena consciencia quizá sea
la más esencial, poderosa y universal, está entre las más
fáciles de comprender y de realizar, y podría decirse que es la
más necesaria hoy en día. Pues la plena consciencia no
es más que la capacidad que ya tenemos de saber lo que está
sucediendo en el momento en que está sucediendo.»*

JON KABAT ZINN

No hace mucho, en un retiro de meditación hablé con una mujer
que había sido médico antes de unirse a la comunidad monásti-
ca como maestra. «¿Todavía ejerces la medicina?», le pregunté.
Tras una larga pausa, me miró directamente a los ojos y me dijo:
«Hermano, la plena consciencia es la mejor medicina». He compartido esta historia con otras personas, incluido un amigo que
ha tenido un cáncer de cuarto grado y que me dijo: «La práctica
de la plena consciencia ha salvado mi vida». Enfermos o sanos,

siempre hemos de concentrarnos en mejorar nuestra calidad de vida.

Al aprender a cuidar de nosotros mismos como jardineros, pretendíamos tener la mente del principiante, incluida la receptividad mental, la fe, la paciencia y la aceptación para renovar nuestra visión sobre las cosas. También hemos aprendido que para renovarnos es necesario el silencio, el espacio y pararse a descansar. La plena consciencia es una práctica que respalda todo lo que hemos aprendido hasta el momento. Significa aprender a estar presentes con el corazón abierto a todo lo que está sucediendo dentro y fuera de nosotros. La plena consciencia es la práctica de estar totalmente presente en todo lo que hacemos. Es una visión —una lente— que nos ayudará a cultivar las semillas del amor en los demás y en nosotros mismos. La plena consciencia es una semilla en sí misma, que cuando la regamos, se fortalece, crece, y hace que estemos más vivos y radiantes en el proceso, como un rosal que recibe los nutrientes, la luz solar y el agua que necesita.

Es maravilloso pasear por un bello jardín porque nos ofrece una visión de lo que podríamos cultivar en el jardín de nuestra casa y de nuestra conciencia a través de la plena consciencia. Esta práctica es la capacidad de ser totalmente conscientes y ver lo que está sucediendo dentro de los jardines externos y de los jardines de nuestra conciencia. La práctica principal y la esencia para convertirnos en «maestros jardineros» de nuestra conciencia es saber abonar la semilla de la plena consciencia.

«La práctica consiste en abonar la semilla de la plena consciencia para que se convierta en un "hábito de energía" positivo y en un medio para transformar el sufrimiento que encierran las semillas negativas.»

THICH NHAT HANH

¿Consciente o inconsciente?

Las malas hierbas del jardín equivalen al estrés que experimentamos en nuestra vida. Eckhart Tolle, maestro espiritual y autor de *El poder del ahora*, dice: «El estrés nos lo provoca estar "aquí", pero querer estar "allí", o estar en el presente, pero desear estar en el futuro. Es una división que nos destroza por dentro». Si aprendiéramos a concentrarnos en cada momento y a vivir plenamente en el presente, no nos dominaría la angustia del pasado, ni las preocupaciones o sueños sobre el futuro. Tal como nos recuerda san Mateo en 6, 34: «No os preocupéis por el día de mañana, porque el día de mañana se ocupará de sí mismo».

Del mismo modo que hemos creado las energías del hábito de vivir en el pasado o en el futuro, inconscientemente, nos hemos entrenado para no estar en el aquí y el ahora. De la misma manera que hemos aprendido a «no prestar atención», podemos cultivar conscientemente la energía del hábito positivo de estar atentos a través de mantener un estado de conciencia en el que nuestra atención esté presente en cualquier momento. Podemos encontrarnos en el mismísimo jardín de Monet en Giverny, pero no ver su belleza si algo nos preocupa. Podemos estar junto a nuestro ser amado, pero si nuestra mente está en otra parte, no podemos ni dar ni recibir amor, y nos estaremos perdiendo la propia vida, que en última instancia sólo se disfruta en el momento presente.

«Nada de lo que sucediera en el pasado puede impedir que vivas el presente ahora: y si el pasado no puede impedir que estés presente ahora, ¿qué poder tiene?»

ECKHART TOLLE

Cuando tenemos plena consciencia, nos damos cuenta de lo que está sucediendo en el presente. Experimentamos nuestros pensamientos, sentimientos y lo que sucede en nuestro cuerpo. Somos conscientes de nuestras acciones, de que nos dirigimos hacia nuestro vehículo, de que estamos comiendo o paseando por el campo. Es más probable que vayamos más despacio durante el día, que estemos más atentos a lo que sucede y que disfrutemos más de cada momento, incluso de los rituales cotidianos, como si estuvieran sucediendo por primera vez.

Cuando no prestamos atención, impera la tendencia de actuar con el piloto automático. Tenemos que esforzarnos para realizar cada tarea, y con frecuencia hacemos muchas cosas a la vez sin darnos cuenta de lo que estamos haciendo. Vamos con prisas para alcanzar nuestro objetivo, y cuando lo conseguimos, nos cuesta ir más despacio para poder disfrutar del mismo.

Esto son casos extremos, por supuesto, y la mayoría de las veces actuamos con ambas cualidades, la de la plena consciencia y la de la inconsciencia. En nuestra aspiración a ser más conscientes, recordemos que lo mejor es conservar la «mente del principiante» y la aceptación de lo que está sucediendo en el presente.

La plena consciencia es ser consciente y recordar

Cuando a un maestro famoso le preguntaban cuál era la práctica más importante, siempre respondía: «¡Ser consciente!» Sus discípulos que pensaban que explicaría más su breve respuesta, a menudo volvían a plantearle la misma pregunta, y él volvía a responder: «¡Ser consciente!» El primer paso para cultivar la semilla de la plena consciencia es darnos cuenta de lo que estamos experimentando en nuestro cuerpo, mente y sentimientos en todo momento. Esto parece obvio, pero recuerda la última vez que hablaste con un amigo. ¿Estabas realmente presente o te estabas concentrando en cuál iba a ser tu siguiente respuesta o en otros pensamientos y sentimientos?

La práctica de ser consciente va unida a la capacidad de recordar. En un vitral del monasterio de Deer Park en Escondido, California, hay escritas tres palabras sánscritas: *smriti, samadhi* y *prajna*. *Smriti* se refiere a la plena consciencia y traducida literalmente significa «recordar». *Samadhi* se traduce como «concentración», y *prajna*, se refiere a la «sabiduría» o «introspección». De modo que siendo conscientes podemos concentrarnos, profundizar en nuestra visión y descubrir si estamos realmente presentes en lo que está sucediendo. Siendo conscientes es más fácil que recordemos lo que importa en un momento dado y cada vez que regresemos al presente cultivaremos la semilla de la plena consciencia.

Convierte en una práctica el recuerdo de volver al presente y ser consciente de lo que estás haciendo en cada momento. No se trata de recordar el pasado ni de que has de comprar pan antes de volver a casa, sino de recordar volver al momento presente. ¿Estás viviendo de verdad o vives desconectado en estado de trance? Si dejamos que nos domine cada pensamiento que surge, nos costará mucho más disfrutar verdaderamente de las personas y de nuestras experiencias. Simplemente, recordando regresar a lo que estás haciendo ahora, ya habrás empezado a regar las semillas de la plena consciencia.

> «*La esencia de la mayoría de las prácticas espirituales es simplemente esto: recuerda quién eres. Recuerda lo que amas. Recuerda lo que es sagrado. Recuerda la verdad. Recuerda que vas a morir y que cada día es un regalo. Recuerda cómo deseas vivir.*»
>
> Wayne Muller

Cultiva la plena consciencia

Como ya hemos visto, la plena consciencia es el proceso de vivir el momento presente y se cultiva siendo conscientes de las cosas, recordando y regresando una y otra vez a lo que está sucediendo ahora. Es la práctica de controlar nuestra mente errante. El acrónimo WIN —What's Important Now (Lo que importa ahora)— puede recordarnos esta práctica. Esta frase puede convertirse en un hermoso mantra para dar prioridad a nuestro centro de atención, a pesar de las múltiples cosas que puedan estar reclamando nuestra atención en un momento dado.

La forma ideal de desarrollar la plena consciencia es practicar la meditación. Cuando meditamos, estamos atendiendo a lo que sucede en ese momento. Si meditamos en serio, nuestra atención suele concentrarse en la respiración o en una palabra o frase. Si estamos arreglando el jardín, nuestra atención se centra en plantar, sacar malas hierbas y regar. Tanto si estamos meditando formalmente como si estamos conectando de manera informal con la vida cotidiana, podemos aplicar las introspecciones de la meditación y de otras prácticas contemplativas, como la oración, en la vida diaria. En cada momento tenemos muchas oportunidades, aunque sean pequeñas, de aprender formas de hacer una pausa y tranquilizarnos. Una vez que hemos logrado esto, podemos tener una visión más profunda y comprender mejor lo que está sucediendo en el AHORA. Con el arte de saber parar y relajarnos y de la observación profunda descubrimos que estamos practicando y regando las semillas de la plena consciencia.

Hacer una pausa

El primer paso en cualquier tipo de meditación —y la clave para desarrollar la plena consciencia— es aprender a hacer una pausa. Al detenernos, nos deshacemos del pasado y del futuro y vivimos el presente. Cada día nos ofrece muchas oportunidades para cultivar el arte de la pausa: las señales de *stop*, las personas, las campanas, o todo un día de descanso como el *sabbath*. Detenerse no implica que nos paremos por completo, sino más bien que hagamos una pausa y nos centremos en lo que está sucediendo en este momento.

¿Cómo podría ser esa pausa en tu vida? Pon a un lado este libro durante un momento, deja de leer; de hecho, deja de hacer todo lo que estás haciendo durante los próximos minutos, y simplemente *sé*. Ahora explora lo que acabas de experimentar. Normalmente, las personas ven cosas que no habían visto antes, oyen sonidos que no habían escuchado. Son conscientes de lo ocupada que está su mente, de su hiperactividad.

Para aprender a hacer una pausa hemos de ser conscientes y cultivar esta habilidad. Hay dos prácticas que refuerzan la pausa —las campanas y la gratitud— y que exigen que centremos por completo nuestra atención en el momento presente, normalmente funcionan mejor si respiramos conscientemente una o dos veces para concentrarnos en el presente.

Las campanas

Tradicionalmente, las campanas de los templos y de las iglesias han servido para recordar a las personas que hicieran una pausa para orar, reflexionar o meditar. Nos anuncian la hora, nos alertan de acontecimientos especiales y nos recuerdan quién puede necesitar nuestra ayuda. Ya sea un teléfono que está sonando o el reloj del horno que nos avisa de que ya ha terminado el ciclo de cocción, las «campanas de la plena consciencia» son recordatorios para pararnos y hacer una pausa.

En la meditación, las campanas son una metáfora de la actitud de la plena consciencia, pero hay otros recordatorios que son igualmente eficaces. Hace unos años tuve una discípula sorda en mi curso sobre la plena consciencia. Al saber que no podía oír la campana, le pregunté qué «campanas de plena consciencia» podía incorporar en su vida. Respondió con mucha ternura con la ayuda de su intérprete de lenguaje de signos: «Mi bebé es mi campana de plena consciencia. Cada vez que la cojo en brazos y le doy de comer, siento que estoy totalmente presente, no hay ningún otro momento en que esté tan atenta. Me doy cuenta de que respiro más despacio y mientras tanto las dos nos relajamos y conectamos. Son momentos de gran felicidad y paz».

Una de mis grandes alegrías es tener la oportunidad de celebrar ceremonias de boda. Durante el servicio utilizo una gran campana para indicar a los invitados que hagan una pausa y que reflexionen sobre varias partes importantes de la ceremonia. En mis palabras de despedida recomiendo a la pareja que cuando oigan campanas se detengan y recuerden el compromiso mutuo que acaban de adquirir. Cuando oigamos campanas, interpretémoslas como recordatorios de lo valiosa que es la vida, de lo sagrado que es cada momento y del valor que tiene cada uno de ellos.

Idealmente, llegará un momento en que para la práctica no necesites ningún sonido, y que bastará el pensamiento o la visión de tu ser querido para recordarte que hagas una pausa y seas consciente de tus relaciones. En esos momentos, párate y respira, disfruta del presente y atiende la llamada a la plena consciencia.

«Las campanas del templo se detienen, pero el sonido sigue saliendo de las flores.»

Basho

La gratitud

Cada día hay un sinfín de oportunidades para detenernos y valorar el momento presente. Cuando se produzca esa ocasión, reflexiona sobre todas las personas y regalos que han hecho posible que suceda ese momento y da gracias por ello. La gratitud nos mantiene en el presente. El teólogo Maestro Eckhart dijo: «Si la única oración que repitiéramos en la vida fuera "Gracias", con eso bastaría». Mi práctica favorita es hacer una pausa y estar presente con todas las personas que me ofrecen un servicio, como el empleado de la oficina de correos, el camarero de la cafetería o el empleado de la gasolinera. Les sonrío sinceramente y les digo: «Gracias por estar aquí y prestar este maravilloso servicio».

Tranquilizarse

Otra de las funciones de la meditación y un elemento clave para desarrollar la plena consciencia es concentrarnos, que es más viable si nos tranquilizamos. Muchas veces me es más fácil hacer una pausa que calmar y acallar mi ruidosa mente. Una de las cosas que podemos hacer a lo largo del día para reforzar el «músculo» de nuestra atención y de la plena consciencia es volver a concentrarnos en lo que estamos haciendo cada vez que nos demos cuenta de que nuestra mente se ha dispersado. Intenta no sentirte frustrado y recuerda las palabras de san Francisco de Sales: «Aunque tengas que volver mil veces a ti, habrá valido la pena». Centrarnos en algo repetidamente, como la respiración, un mantra, una frase corta, oraciones o flores, nos ayuda a calmarnos y refuerza nuestra capacidad de concentración. Calmarnos también nos ayuda a reconocer y a ser conscientes de los sentimientos y sensaciones corporales en cuanto aparecen. Cuando estamos tranquilos, podemos aceptar esos sentimientos.

Cuando estamos relajados es más fácil reconocer lo que está sucediendo en el presente. En este estado podemos experimentar profundamente este momento a través de nuestros sentidos y sentimientos, y aprender a aceptar el presente tal como es. Observar una vez la respiración suele bastar para devolvernos al presente, nos ayuda a concentrarnos y refuerza nuestra capacidad de concentración.

Ya has realizado antes la práctica de hacer una pausa. Ahora, detente y lleva tu atención hacia algo. Concéntrate en los sentidos —observa verdaderamente lo que estás viendo y oyendo—. Concéntrate en tu respiración: experimenta plenamente la inspiración y la espiración, hazlo durante unos minutos. Observa que cuando te concentras en algo, aunque sólo sea por un momento, los demás pensamientos y preocupaciones se retiran espontáneamente y la mente está más tranquila. No importa en qué te concentres, en tus sentidos o en la persona con la que compartes tu vida, concentrarte te ayudará a calmarte.

Observación profunda

Hacer una pausa y calmarnos nos ha enseñado a estar más relajados y a ser conscientes del presente. Ahora ya tenemos la concentración necesaria para practicar la observación profunda y descubrir y comprender la fuente de nuestros sentimientos actuales. Este proceso será de gran valor cuando exploremos las distintas semillas del jardín de nuestra conciencia. «Hola, Ira. ¿De dónde vienes? ¿Por qué estás aquí ahora?»

A través de la observación profunda también descubrimos en nuestros seres queridos las razones por las que están sufriendo, y vemos claramente que su sufrimiento es también el nuestro. Al utilizar la plena consciencia, descubrirás formas de contemplar cuidadosamente las semillas que necesitan atención dentro de ti y de los demás.

Prácticas para desarrollar la plena consciencia

Para desarrollar esta habilidad y reforzar la energía del hábito de la plena consciencia, son necesarias una serie de prácticas, del mismo modo que necesitamos una serie de ejercicios para reforzar nuestro cuerpo. Estas prácticas se pueden integrar fácilmente en nuestra vida diaria y nos aportarán momentos para recordar, detenernos, calmarnos y regresar al presente.

RESPIRACIÓN CONSCIENTE

Inspirando, calmo mi cuerpo; espirando, sonrío.

Nuestra vida empieza y termina con la respiración. Normalmente, realizamos unas 20.000 respiraciones al día. Cuando en distintos momentos del día nos detenemos a practicar la respiración consciente, el mero hecho de ser conscientes de la inspiración y la espiración, de la inhalación y la exhalación nos ayuda a tranquilizarnos. En esta práctica el cuerpo y la mente están conectados, y la palabra «respiración» adopta su sentido original, «re-inspirar»*. Al vivir el momento desde el eje de la respiración, cultivamos la energía y la simiente de la plena consciencia. Cuando practicamos la respiración consciente, los pensamientos desaparecen, se fortalece la energía de la plena consciencia y enseguida volvemos a experimentar plenamente el momento presente.

---

* Del latín *inspirare*, que significa «insuflar espíritu». Espíritu en latín es sinónimo de aliento o vida. *(N. de la T.)*

CAMINAR CONSCIENTEMENTE

La práctica de caminar conscientemente se basa en ser conscientes de cada paso que damos. En general, caminamos de manera automática, nuestra mente está concentrada en otra parte y suele irse allí rápidamente. La dificultad de caminar de forma consciente reside en hacerlo sabiendo que estás caminando. Tomas conciencia de tu caminar y ese acto se convierte en una forma de meditación. Cada paso nos devuelve a la respiración y al presente. Es el puente entre la práctica formal de la meditación y la actividad informal de la vida cotidiana. Caminar de este modo, aunque sólo sea un poco, nos recuerda que nuestra vida es un paseo. Cuanto más conscientes somos de nuestros pasos, más paz hallamos por el camino.

RESPONDER AL TELÉFONO

Nuestro mundo tecnológico nos ofrece infinitas posibilidades de cultivar la plena consciencia. Los teléfonos móviles, los teléfonos de los despachos y otros timbres pueden ser invitaciones a detenernos, respirar, sonreír y tranquilizarnos antes de empezar a hablar. Por ejemplo, cuando suena el teléfono, puedes repetir un mantra antes de responder, como «Al inspirar, calmo mi cuerpo; al espirar, me relajo». Mi esposa y yo dejamos de respirar cada vez que nuestro reloj de pie estilo Westminster marca la hora. Nuestro contestador automático responde diciendo: «¡Respira y sonríe! Has llamado a los Braza». Éstas y otras sencillas acciones cotidianas y conscientes realzan la energía de la plena consciencia.

COMER CONSCIENTEMENTE

Esta sencilla práctica se basa en gozar por completo de nuestra comida. Dedicar diez minutos a comer en silencio antes de hablar puede suponer un refugio de paz y tiempo para valorar nuestros alimentos. Ir lo suficientemente despacio para darnos cuenta de cuántas manos han intervenido en hacer que nuestra comida llegue a la mesa nos ayuda a estar agradecidos de verdad por la misma. Con este sentimiento de gratitud toda la comida es una bendición. En cada bocado tenemos la oportunidad de cultivar la plena consciencia al reconocer la cantidad, el sabor y la nutrición que esos alimentos aportan a nuestro cuerpo. Ser consciente de cada bocado y comer más despacio también puede ser una buena forma de perder peso y un antídoto para comer por vicio.

«Comprometerte a comer conscientemente, aunque sólo sea durante unos minutos, puede ayudarte a reconocer que la práctica de la plena consciencia abarca todos los ámbitos y actividades, incluidas las tareas ordinarias.»

THICH NHAT HANH

LA MONO-TAREA FRENTE A LA MULTI-TAREA

El estrés de la vida suele ser consecuencia de hacer más de una cosa a la vez. En nuestro mundo, la multitarea se ha convertido en la norma, y la mayor parte de las personas se enorgullecen de su capacidad para hacer varias cosas al mismo tiempo. Esta preocupación por la velocidad y por hacer más es la antítesis de la plena consciencia. Cultivar nuestro jardín nos ayuda a recordar que la multitarea no es eficaz. Lo mejor es plantar, eliminar malas hierbas y regar el jardín, por separado. En la jardinería y en la vida, aprender a concentrarnos en hacer una sola cosa a la vez nos ayuda a realizar cada tarea más conscientemente y a disfrutar más de la misma.

Muchos de los participantes de mis retiros y seminarios se apresuran a recordarme sus muchas responsabilidades y me insisten en que nunca podrían completar su trabajo si no hicieran varias cosas a la vez. Yo les recuerdo amablemente que cada momento es una oportunidad para aprender conductas que mejoren nuestro rendimiento y nuestra calidad de vida. La plena consciencia nos recuerda ver el valor de la calidad, en vez de valorar simplemente el rendimiento.

Los momentos crean el entramado de nuestras vidas

Una pionera en los estudios sobre la muerte y el morir, la fallecida Elizabeth Kübler-Ross dijo: «Al final de nuestra vida, no recordamos cuánto dinero tenemos o lo bonita que es nuestra casa, recordamos nuestros momentos con nuestros seres queridos». Lo más probable es que recordemos unos pocos momentos de cada día, a pesar de los miles de momentos que experimentamos en nuestros últimos días y meses. Según el científico Daniel Kahneman, ganador de un Premio Nobel, experimentamos unos 20.000 momentos cada día, que se definen como unos pocos segundos durante los cuales nuestro cerebro registra una experiencia. Por lo tanto, la calidad de nuestros días viene determinada por la forma en que nuestro cerebro reconoce y clasifica nuestros momentos —positivos, negativos o neutros— y el determinante es la plena consciencia. ¿Dónde estabas en esos momentos?

¿Por qué hemos de ser conscientes?

La plena consciencia es una forma de captar esos momentos que tejen el entramado de nuestra vida. Desde que escribí *Momento a momento: arte y práctica de la plena consciencia*, me he dado cuenta de que el concepto de la plena consciencia se ha convertido en algo más que una palabra o una idea. Para mí es una filosofía que ha transformado mi calidad de vida. Ahora me doy cuenta de que lo que me provocaba estrés en la vida normalmente se debía a pensar en el pasado o en el futuro. A través de la plena consciencia, la dicha está más a nuestro alcance —momento a momento— en la sonrisa de un niño, en un atardecer y en la alegría de descubrir una flor nueva en el jardín. Al escribir y trabajar, mi productividad aumenta por mi facultad para estar concentrado en lo que estoy haciendo. Pero lo más importante es que mis relaciones personales y profesionales se han vuelto más profundas gracias a mi capacidad de estar verdaderamente por los demás.

> *«La práctica de la plena consciencia sólo requiere que aquello que hagas, lo hagas con todo tu ser.»*

> THICH NHAT HANH

Práctica:

- ¿Qué te impide vivir el presente?
- ¿Estás esperando a ser feliz? («Seré feliz cuando...», «Sólo si...») ¿Qué te impide ser feliz ahora? Reflexiona sobre tu vida como si fuera una película. ¿En qué momentos te sientes más vivo?
- ¿Cómo puedes crear felicidad en el «aquí y el ahora»?

SEGUNDA PARTE

La tierra: exploremos

nuestra conciencia

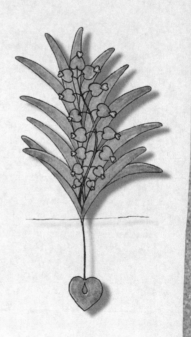

No salgas de tu casa para ver flores.
Amigo, no te molestes en hacer esa excursión.
En tu interior hay flores.
Una de ellas tiene mil pétalos.
Ésa te servirá de asiento.
Allí sentado tendrás la visión de la belleza
dentro y fuera de tu cuerpo,
antes y después de los jardines.

KABIR

Tras tus esmeros y preparación a través de la plena consciencia, ya estás listo —tú, el jardinero— para explorar el terreno de tu conciencia. Este viaje te conducirá a desarrollar una relación con el presente y con el jardín de tu conciencia. Labrarás el campo de la conciencia mental y de la conciencia almacén: de lo que eres consciente que se encuentra por encima de la misma y de lo que suele estar debajo, en el almacén de tu conciencia. Aprenderás a abonar y a limpiar de malas hierbas tu jardín regando las semillas del amor (las semillas positivas) y transformando las semillas del sufrimiento (las semillas negativas). Y si todavía no estás familiarizado con la práctica del mantra, descubrirás una nueva forma de fomentar activamente las cualidades necesarias para convertirte en un verdadero maestro jardinero. Observa si es verdad el concepto de que te conviertes en aquello en lo que te concentras.

4

Senderos hacia el momento presente

«No te des la vuelta, fija tus ojos donde está la herida; allí es por donde entra la luz.»

RUMI

Al desarrollar las energías del hábito de ver, renovar y ser, hemos creado los cimientos para sustentarnos a nosotros mismos como jardineros y vivir plenamente el momento presente. Ahora estamos preparados para aplicar la práctica de la plena consciencia a la observación profunda del campo de nuestra conciencia, lo que nos permitirá explorar, experimentar e intimar con cada aspecto de nuestra existencia en todo momento. Nuestra práctica de hacer una pausa y calmarnos cultiva la energía del hábito de la plena consciencia, donde podemos utilizar WIN (What's Important Now, «Lo que importa ahora») para que nos ayude a concentrarnos en el presente. Esta mañana he pasado casi veinte minutos paseando conscientemente con nuestro perro, *Bailey*, deambulando lentamente por la pista forestal de un parque. *Bailey* me recordaba que disfrutara del viaje mientras él atendía conscientemente a cada árbol, pájaro y ardilla.

«Asómbrate de todo lo que está vivo. Vive en asombro
perpetuo. Es el ritmo de la paz.»

GUNILLA NORRIS

Cuando somos conscientes activamente y estamos concentrados, podemos empezar a reflexionar sobre los distintos aspectos o
senderos que crean el momento presente. Con la visión profunda
exploramos el significado de lo que está sucediendo y aprendemos
a desarrollar una verdadera conexión con los demás y con nosotros
mismos. Hemos de ser conscientes, observadores y estar receptivos
para comprender lo que observamos.

En el budismo los senderos para comprender el momento presente se denominan los cinco agregados (una serie de características que conforman el presente). Estos cinco aspectos incluyen nuestro cuerpo, sentimientos, percepciones, formaciones mentales (las
historias que creamos) y nuestra conciencia. Estas cualidades definen el momento presente y son básicas para comprender cómo
puede empezar a brotar una semilla y desarrollarse a través de los
recuerdos positivos y negativos. Cuando hacemos una pausa, nos
relajamos y miramos con profundidad, entendemos la relación entre la mente, el cuerpo y la conciencia.

El trabajo del jardinero

Reflexiona sobre los momentos más significativos de tu vida; aquellos en los que fuiste muy consciente de tu cuerpo, tus sentimientos,
tus percepciones, tus historias. Un famoso maestro zen coreano dijo
que sólo hay una pregunta importante que plantear, una y otra vez:
«¿Qué es esto?» Al proponernos descubrir y experimentar qué está
sucediendo en el presente, descubriremos la esencia de la verdadera

conexión, de la felicidad y de tener relaciones profundas con los demás y con nosotros mismos.

Los maestros jardineros han de refinar sus artes para remover la tierra y desenterrar la comprensión de su verdadero ser. Recuerdo que cuando era niño me entretenía jugando durante horas con una pala y un montón de tierra. Exploraba, construía e intentaba comprender qué era lo que había debajo de la superficie. Como George Bernard Shaw dijo una vez: «El mejor lugar para hallar a Dios es un jardín. Puedes cavar allí para encontrarlo». Este trabajo implica el proceso de explorar, en el momento presente, los distintos componentes que forman el entramado de nuestra vida.

A través de la plena consciencia podemos vadear los ríos que nacen en la desembocadura de cada momento. Estos afluentes son los cinco agregados: cuerpo, sentimientos, percepciones, formaciones mentales/historias y conciencia.

El cuerpo

No hace mucho tuve la desagradable experiencia de despertarme con una contractura tan fuerte en la espalda que necesité una enorme cantidad de energía incluso para intentar levantarme de la cama. En ese momento, estaba muy sintonizado con los mensajes de mi cuerpo: grave contracción de los músculos de la espalda, tensión dolorosa en todo el cuerpo, respiración cortada y el correspondiente miedo y pánico.

Me fue más fácil reducir el impacto de este dolor mediante la respiración y dándome cuenta de lo que estaba sucediendo. Enseguida comprendí que mi cuerpo había iniciado una respuesta al estrés, exacerbada por mi dolor y por mi pensamiento irracional. Al no moverme y ser capaz de tranquilizarme en ese momento, el dolor agudo fue disminuyendo gradualmente y al final pude levantarme y conseguir ayuda.

La mejor puerta de entrada al momento presente y el mejor barómetro para calibrar nuestro bienestar es consultar con nuestro cuerpo. ¿Qué estás viendo, oyendo, saboreando, oliendo y tocando? ¿Cómo estás respirando? ¿Desde tu pecho? ¿Desde el diafragma? ¿Es una respiración forzada? ¿Qué te está diciendo tu ritmo cardíaco y tensión muscular sobre lo que te está sucediendo ahora? Aprender la plena consciencia empieza por aprender a percibir nuestro cuerpo.

«No hay modo de evitar lo que hay en nuestro cuerpo. La verdad sobre nuestra infancia está almacenada allí. Aunque podamos reprimirla, nunca podremos cambiarla. Podemos engañar a nuestro intelecto, manipular nuestros sentimientos, confundir nuestras percepciones y hacerle trampa a nuestro cuerpo con medicamentos. Pero algún día nos pasará factura.»

ALICE MILLER

Los sentimientos

Registramos los recuerdos de nuestra vida como experiencias positivas y negativas que influyen en nuestro estado de ánimo general y aportan intensidad a cada momento. Cuando recordamos las experiencias importantes de nuestra vida, podemos volver a descubrir los momentos en que nuestros pensamientos y sentimientos actuales se activaron por primera vez. Cuando trabajo con grupos muchas veces pregunto: «¿Cuándo os habéis sentido más vivos? Describid ese momento». Los participantes suelen compartir momentos de ternura o intensos como el nacimiento de un hijo, la experiencia de una magnífica puesta de sol o las travesuras de un perrito cachorro.

Los sentimientos suelen ser agradables, desagradables o neutros. Cada día esos sentimientos nos despiertan o nos arrullan conduciéndonos a un estado de complacencia. Aprender a estar con cada uno de esos sentimientos es la esencia de la práctica de la plena consciencia. El poeta Rumi dice en *La casa de huéspedes*:

Este ser humano es como una casa de huéspedes.
Cada mañana una nueva llegada.
Una alegría, una decepción, una maldad,
un momento de consciencia que llega
como un visitante inesperado.
¡Dales la bienvenida y agasájalos a todos!

La clave está en ser consciente de todos los sentimientos a medida que van surgiendo y tratarlos como invitados de quienes puedes aprender para crecer. Sólo cuando aceptes tus sentimientos podrás trabajar en tu jardín para cuidar de las semillas positivas y transformar las de la aflicción. Por ejemplo, si aprendemos a reconocer el miedo cuando está germinando, podremos transformarlo antes de que surja y eche raíces.

Inspirando, soy consciente de mi miedo.
Espirando, acepto mi miedo.

Las percepciones

Nuestros pensamientos son tan poderosos que fácilmente pueden convertirse en ideas u opiniones sobre nosotros mismos y los demás. Al hacer una pausa, relajarnos y mirar profundamente, podemos reconocer cuándo estas percepciones no son exactas. Una de mis prácticas favoritas es preguntarme: «¿Estoy seguro?»

¿Recuerdas alguna situación en la que te creaste una idea sobre algo o alguien que resultó ser totalmente falsa? Ese tipo de percepciones empiezan con pensamientos que luego se distorsionan. Recuerdo que mi cuñada nos regaló un hermoso bordado después de unas vacaciones en familia en la costa. Lo pusimos en un lugar visible de nuestra casa para que fuera un recordatorio de lo bien que lo habíamos pasado juntos. Unos meses más tarde, hablamos de cuántos recuerdos hermosos nos evocaba ese bordado. «¿Habéis notado el defecto de la esquina?», nos preguntó. Muchas veces nuestra mente pasa por alto la belleza general y va directamente al pequeño defecto que apenas se ve.

Las percepciones muchas veces se convierten en decepciones por nuestra tendencia natural a quedarnos atrapados en lo negativo, mientras que las percepciones positivas nos resbalan como el agua en la espalda de un pato. Con la guía de la plena consciencia puedo distanciarme y ser testigo de la naturaleza racional o irracional del flujo de mis percepciones. Esta práctica me ayuda a tener una comprensión clara de lo que me está sucediendo en este momento. Me recuerda, como me sucedió recientemente, que me quede de pie junto a una entrada de mar en una tarde tranquila. Las montañas que tenía detrás se reflejaban claramente en la superficie del agua, reflejando lo que es cierto y real.

Inspirando, soy consciente de mis percepciones actuales.
Espirando, ¿estoy seguro?

Formaciones mentales: las historias de nuestras vidas

Cuando revisamos las cualidades del momento presente, nos damos cuenta de que las percepciones de nuestras experiencias se han ido formando con el tiempo. Los jardines son formaciones físicas que se han ido creando con el paso de los años y que deben su forma a millares de factores: el sol, la luna, la lluvia, el terreno, el compost y numerosas simientes. Asimismo, desde nuestro nacimiento nuestros cuerpos se van formando bajo la influencia de innumerables factores, y nuestros siempre cambiantes sentimientos dependen de nuestras experiencias e interacciones hasta que se convierten en formaciones mentales.

Recientemente, un amigo me contó los problemas que tuvo de niño con su padre. Su padre se enfadaba con facilidad, y mi amigo se preguntaba si él tenía el mismo potencial para enojarse. Nuestra conversación se desvió hacia la plena consciencia y a través de la observación profunda empezó a ver que las semillas de la ira de su padre también estaban en él. Recordó que se enfadaba fácilmente por tonterías, y cuánto se parecía su forma de actuar a la de su padre. La ira del padre regó las mismas semillas en el hijo, y dejó que arraigaran en él para que en ciertas circunstancias estallaran años más tarde.

Las formaciones mentales son las historias que creamos a raíz de nuestras experiencias. Quizás empiecen por un dolor físico, que conduce a sentimientos y percepciones o a ansiedad o miedo. Repetimos estas historias a mitad de la noche cuando no podemos dormir, cada una de ellas se parece a una melodía que no deja de sonar en nuestras mentes. Como una bola de nieve que rueda montaña abajo, que cuanto más deprisa va, más grande se hace.

En el budismo se considera que hay cincuenta y una formaciones mentales almacenadas en el campo de nuestra conciencia en forma de semillas. Entre ellas se incluyen los sentimientos, las percepciones, las semillas sanas y las insanas. Cuando una experiencia o acontecimiento activa estas semillas, germinan en la mente o en el jardín de nuestra conciencia como una formación mental. Por ejemplo, en el campo de mi conciencia, se encuentra la semilla del miedo en estado latente como muchas otras, como la de ser consciente y la de la fe. Cuando tuve la contractura en la espalda, me di cuenta de la semilla del miedo en mi conciencia mental. Con la práctica de la plena consciencia pude reconocer que el miedo que sentí en ese momento no estaba relacionado sólo con el dolor, sino también con todas mis experiencias previas de miedo.

Inspirando, soy consciente de mi formación mental o historia favorita.
Espirando, acepto esa historia.

La conciencia

El último sendero que nos conduce de lleno al momento presente es la conciencia, que incluye la conciencia mental (el jardín visible) y la conciencia almacén (la tierra y las semillas). Todas las experiencias de nuestra vida han influido en las semillas que hay en nuestra conciencia. Cada vez que las regamos o le prestamos atención a una o a otra, creamos una historia o formación mental, y esa semilla se activa en la conciencia mental. Cuanto más tiempo mantengamos viva esa semilla en nuestra mente, más fuertes se harán sus raíces en el campo de nuestra conciencia. Por ejemplo, cuanto más tiempo esté enfadado con alguien, más probable es que siga enfadado y que me enfade más a menudo. Esto explica por qué una persona puede enfadarse violentamente por algo insignificante. La ira de ese momento es una manifestación de toda la ira que ha experimentado y almacenado en el pasado.

Un jardín necesita varios elementos para florecer, lo mismo que se necesita para una vida hermosa y radiante. Es un proceso de cultivar nuestra conciencia almacén, que incluye la tierra, las semillas y el compost.

Tras haber desarrollado la práctica de la plena consciencia nos será más fácil observar las semillas que hay dentro de nuestra conciencia, aprender a regarlas, a transformar esas semillas y a airear la tierra para que haya una buena circulación entre la tierra y el jardín de nuestra conciencia, la conciencia almacén y la mental. Pronto descubrirás cuánto depende tu calidad de vida de las semillas que has regado y que has dejado que otros abonaran a lo largo de tu vida.

Inspirando, soy consciente de las semillas que condicionan mi calidad de vida.
Espirando, acepto esas semillas.

Práctica:

- Busca un lugar cómodo donde puedas relajarte por completo sin que nadie te interrumpa y date la oportunidad de ser consciente de tu entorno inmediato. Hazte las siguientes preguntas:

  ¿Qué estoy viendo?, ¿colores, formas, belleza?
  ¿Qué estoy escuchando?, ¿pájaros, personas, coches?
  ¿Qué está sucediendo en mi cuerpo en este momento (tipo de respiración, tensión muscular, dolor y estado de relajación)?

- ¿Qué sentimientos me cuesta más soportar?
- Reflexiona sobre una persona o situación con la que tengas problemas en estos momentos y pregúntate: «¿Estoy seguro?»

- ¿Qué historias siguen reproduciéndose en tu mente? ¿Puedes desenterrar el origen de esas historias o formaciones mentales?
- ¿Qué cualidades o semillas positivas has regado o han regado en tu vida?

Tómate unos momentos para encontrar una postura cómoda y ser consciente de tu respiración. Mientras lo haces repite...

Inspirando, soy consciente de que estoy inspirando.

Espirando, soy consciente de que estoy espirando.

Inspirando, escucho el canto de los pájaros.

Espirando, sonrío.

Inspirando, soy consciente de mi tensión corporal.

Espirando, libero esa tensión.

Inspirando, soy consciente de lo hermoso que es este día.

Espirando, me prometo vivirlo plenamente.

5

Exploremos el jardín
de nuestra conciencia

*«Nuestra calidad de vida depende de la calidad de las
semillas que yacen en el fondo de nuestra conciencia.»*

THICH NHAT HANH

A medida que desarrollamos nuestras artes como maestros jardineros nos vamos dando más cuenta de que la calidad de nuestra vida depende de las semillas que se han regado. Todo lo que afecta a nuestra conciencia entra metafóricamente como una semilla. El maestro jardinero es como el guardián de la verja y el protector de la conciencia. Según Thich Nhat Hanh: «Nuestra mente es un campo, donde plantamos todo tipo de semillas: semillas de compasión, alegría y esperanza, semillas de tristeza, miedo y dificultades». Las semillas son todas las emociones y cualidades que entran a través de nuestra conciencia de vigilia y quedan almacenadas en nuestra conciencia. Imagínate uno de tus días típicos, pero teniendo esto presente. ¿Qué semillas o pensamientos dejas que entren en tu conciencia a través de los medios, de las personas y de tus conversaciones diarias? Para los que son padres o madres o para aquellos que velan por el bienestar de los demás, ¿cómo protegemos la conciencia y el valioso potencial de los jardines humanos que están a nuestro cargo?

Las generaciones anteriores cultivaron las semillas de la vida y las transmitieron a través de las relaciones familiares, con sus amistades y con el mundo que les rodeaba. Esas semillas son abonadas desde el día en que nacemos. Crecen en cada interacción y a través de la plena consciencia se transforman en todas las estaciones de nuestra vida. La felicidad de una abuela regó la semilla de la felicidad en su hija, que a su vez nutre esa semilla en el feto que lleva dentro. La ira de un abuelo regó la misma simiente en su hijo, que siguió haciéndolo con sus propios hijos. El proceso de plantar, regar, abonar y cultivar las semillas de la conciencia forma parte integral del ciclo de la vida que sustenta un linaje saludable o enfermizo. Los padres conscientes aprenden a ser felices y a estar en paz para transmitir el mejor regalo que podemos hacerle a nuestros hijos.

Las semillas, igual que todos los seres vivos, atraviesan ciclos de nacimiento y muerte. Una semilla de cerezo tiene el potencial para hacer que brote un cerezo, que al final acabará dando más frutos y más semillas. Todas las semillas necesitan las condiciones adecuadas para germinar, del mismo modo que un jardín necesita abono para que crezcan las plantas. Los maestros jardineros aplican sus conocimientos a las semillas que necesitan ser regadas (amorosa benevolencia, alegría, compasión y ecuanimidad) y a las que se han de transformar (ira, miedo, celos y duda) para crear un hermoso jardín.

A través de la metáfora de la semilla podemos explorar a fondo algunas de las causas y circunstancias que influyen en el crecimiento y desarrollo personal. El «lenguaje de la semilla» se puede comparar con la psicología del desarrollo, que se ocupa de las características y cambios que tienen lugar con el tiempo y la madurez. Entre los distintos léxicos que se utilizan para describir las relaciones, el lenguaje de la semilla nos ofrece una visión general similar al de los «lenguajes del amor» popularizados por el doctor Gary Chapman. Según Chapman, cada persona tiene su propio «lenguaje» para demostrar el amor y que incluye: palabras de afirmación, tiempo de calidad, recibir regalos, actos de servicio y contacto físico. De igual modo, la comprensión y el amor se basan en saber reconocer qué semillas hemos de regar en nosotros y cómo regar selectivamente esas semillas en los demás.

La mente y la conciencia almacén

Nuestra conciencia almacén o la mente inconsciente es todo lo que está debajo de la tierra, nuestra conciencia mental es todo lo que está por encima de la tierra. La analogía del jardín ilustra el concepto de las semillas que están debajo del suelo, en la conciencia almacén, y las flores y las malas hierbas que están encima de la tierra, en la conciencia mental. Todo lo que experimentamos es una manifestación de nuestra conciencia del momento presente filtrada a través de nuestra conciencia mental. Por ejemplo, la primavera pasada me senté a orillas de un pequeño estanque en un parque y me puse a apuntar todas las cosas de las que era consciente:

> *Soy consciente de los árboles en flor, del calor del sol en mi espalda y de una serie de sonidos, vistas y olores. Me paro a respirar unas cuantas veces. Soy consciente de la cacofonía de aves y del sonido del curso de un río que fluye entre las rocas en la lejanía. Soy consciente de una conversación y del ruido que hacen unos pajaritos cuando se mueven entre las hojas secas de los arbustos que tengo detrás. El sol radiante calienta mi cuerpo.*

La conciencia mental es ser consciente del momento presente: hoy hace un día hermoso. De vez en cuando, mi mente se trasladaba a experiencias felices de mi infancia, cuando jugaba al aire libre. En ese momento de estar conmigo mismo, era consciente de mis pensamientos, de mis sentimientos, de mi cuerpo y de la historia que estaba creando en ese momento, incluida la rapidez con la que reflexionaba sobre historias o experiencias parecidas del pasado. El entorno y mi paz mental activaron recuerdos en mi conciencia almacén, que también se conoce como conciencia raíz, nombre apropiado para definir el lugar donde se almacenan todas las semillas en nuestro jardín.

Las semillas del sufrimiento y las semillas del amor

Las semillas de la conciencia se dividen en dos categorías: las semillas del amor y las del sufrimiento. Veamos lo que sucede cuando presenciamos o sufrimos la ira, el odio, la violencia, los abusos, los celos o los caprichos de otra persona. El primer lugar donde observamos esa conducta es en la conciencia mental. Inmediatamente, surgen pensamientos, sentimientos y percepciones que hacen que creemos una formación o historia mental. Entonces experimentamos esta historia en nuestra conciencia mental —la parte que vemos del jardín—, que simultáneamente desencadena una respuesta en nuestra conciencia almacén, la que está debajo. Cuando experimentamos o regamos las «semillas de la aflicción», nuestra respuesta típica es evitarlas o suprimirlas llevándolas a lo más profundo de la conciencia almacén.

Lo mismo sucede cuando abonamos o experimentamos las semillas del amor. No las reprimimos, sino que permitimos que echen raíces en nuestra conciencia almacén. Por lo tanto hemos de ser conscientes de ellas, regar las semillas positivas del amor y aceptar y transformar las semillas negativas y aflicciones que hemos sufrido.

En el transcurso de los años, mi experiencia como voluntario de prisiones me ha enseñado que las semillas de la aflicción pueden influir trágicamente en la vida y en la felicidad de una persona. En la prisión que visito, uno de los reclusos (JR) está cumpliendo una condena de cadena perpetua sin posibilidad de libertad provisional. Al vivir en la unidad de vigilancia intensiva con casi veinte reclusos más, está sometido al bombardeo constante de las semillas del sufrimiento que se han plantado en la conciencia almacén de sus «compañeros de celda». En su infancia, una familia maltratadora, el alcohol, las drogas, y numerosos intentos de reafirmarse a sí mismo de formas destructivas regaron las semillas del sufrimiento; principalmente ira, celos, miedo, odio y violencia. La tierra y las circunstancias para su vida ya estaban a punto desde muy joven.

A diferencia de este preso, algunos niños crecen en familias donde abunda el amor y son criados y mantenidos por padres que reconocen la importancia de las relaciones positivas para sus amados hijos. Las semillas de la alegría, el amor, la compasión y la paz se pueden ver fácilmente en esas familias. Cada sonrisa es una celebración, cada llanto es una oportunidad para manifestar la compasión, y la atmósfera general en esos hogares es de paz. La familia y los amigos apoyan a los niños de maneras positivas. En la escuela están rodeados de otras personas amables que realmente los ven como un milagro y que refuerzan sus atributos o semillas positivos. Sus padres se toman su tiempo para «estar» con ellos y transmitirles que son valiosos e importantes. Es fácil imaginar cómo será la vida de esos niños cuando crezcan y aprendan. Con semejante educación, no tendrán tanta tendencia a robar, a la violencia y/o a automedicarse para evitar el sufrimiento de la vida.

A pesar de su horrible vida, mi amigo preso me escribe y me cuenta que su práctica de la meditación con plena consciencia ha

Consciencia

Plena consciencia

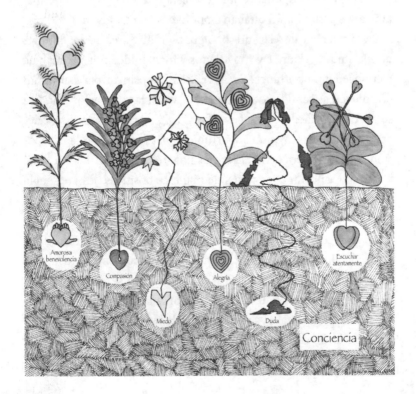

Mental

Plena consciencia

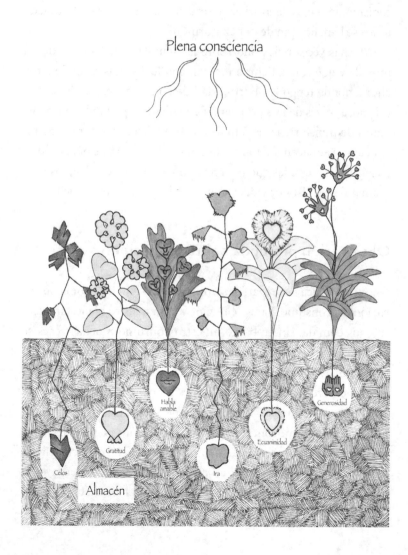

Habla
amable

Generosidad

Gratitud

Ecuanimidad

Celos

Ira

Almacén

supuesto una fuente de gracia redentora, un refugio para afrontar la violencia constante y los insultos verbales que tienen lugar en prisión. Cada día transforma las semillas de la aflicción a través de la meditación y de la comprensión de cómo cultivar el jardín de su conciencia. En una de sus últimas cartas me escribió: «Cultiva la paz en el jardín de tu corazón arrancando las malas hierbas del egoísmo, los celos, la avaricia, la ira, el orgullo y el ego. Entonces, todos se beneficiarán de tu paz y armonía».

Muchas veces reflexiono sobre las semillas que han regado en mi vida y que con el tiempo me han conducido hasta donde estoy ahora, donde tengo la oportunidad de compartir estas ideas. Asimismo, a través de mis propias dificultades he aprendido la importancia de transformar las semillas de la aflicción que surgen de mi conciencia almacén. En todo momento reconozco que puedo elegir a las personas con las que me relaciono, los libros que leo, los programas de televisión y vídeos que veo y la música que escucho.

Observación profunda sobre el consumo

Nuestra práctica de «regar las semillas sanas» empieza por la observación del consumo. Para sobrevivir y para nuestro bienestar necesitamos comida, sin embargo, nuestro consumo muchas veces se basa en alguna necesidad insatisfecha o deseo de sentirnos bien. Comer en exceso puede fácilmente provocar sentimientos de culpa, así como percepciones o formaciones mentales irracionales sobre quiénes somos y lo que valemos como personas. Esta experiencia se produce en nuestra conciencia mental, y cuanto más tiempo permanezca en la misma, más afianzará sus raíces en la conciencia almacén. Aprender a proteger el jardín de nuestra conciencia es la mejor medicina preventiva para disfrutar del bienestar físico y emocional.

Una forma de transformación desde la raíz es ser consciente del impacto general que tiene lo que consumimos, por qué lo hacemos y cómo. Lo que consumimos abarca mucho más que la comida y la bebida, un consumo inconsciente produce sufrimiento. Este conocimiento nos ayuda a darnos cuenta de que los nutrientes psicológicos que consumimos afectan a nuestra capacidad para amar y ser felices.

Reflexión sobre el entrenamiento en la plena consciencia: consumo irresponsable

«Consciente del sufrimiento que provoca el consumo irresponsable, me comprometo a cultivar la buena salud, tanto física como mental, por mí, por mi familia y por mi sociedad, a través de la práctica de comer, beber y consumir conscientemente. Practicaré la observación profunda en el consumo de los Cuatro Tipos de Nutrientes: alimentos comestibles, impresiones sensoriales, volición y conciencia.»

THICH NHAT HANH

Este propósito propicia la nutrición correcta, favorece la curación y los pilares básicos para la vida. Consumir negatividad —como películas violentas y material explícitamente sexual— riega las semillas del sufrimiento, influye en los pensamientos, sentimientos, percepciones, formaciones mentales y conciencia, así como en mi capacidad para amar y ser feliz. Mi práctica personal es proteger mi conciencia abonando las semillas del amor y de la felicidad a la vez que procuro evitar que se contamine, lo que tendría el potencial de activar las semillas del sufrimiento. Como maestros jardineros, nuestra práctica ha de ser proteger la conciencia de los demás, especialmente los frágiles jardines de los niños y de nuestros seres queridos.

Al explorar la parte más profunda de tu jardín has descubierto las semillas o las causas y las condiciones que te han conducido a tu situación actual. Puede que hayas recordado semillas que te hicieron sufrir. También habrás descubierto semillas positivas, junto con los distintos jardineros que regaron esas semillas en ti. En la infancia, normalmente no puedes elegir qué semillas regar. Ahora, con la plena consciencia, puedes empezar a elegir lo que consumes y qué semillas abonar o transformar.

Tómate un tiempo para hacer una pausa, tranquilizarte y practicar la observación profunda de las semillas del jardín de tu conciencia. Tu felicidad de hoy depende de las semillas del sufrimiento y de las semillas del amor que has almacenado a lo largo de tu vida.

Práctica:

Busca un lugar tranquilo y un rato de descanso para reflexionar sobre las siguientes preguntas:

- ¿Qué semillas positivas te han conducido a tu situación actual? ¿Qué semillas específicas se regaron que te demostraron que te amaban y que te siguen amando?
- ¿Qué semillas te han puesto a prueba en la vida y han contribuido a tu dolor y a tu sufrimiento? Mira profundamente las semillas de la ira, la violencia y el miedo, por ejemplo, sin culparte ni juzgarte a ti ni a los demás.
- Practica la observación profunda sobre las semillas del amor. ¿Qué cualidades regaron en su momento que te han conducido a ser la persona amable que eres hoy?
- Practica la observación profunda sobre la semilla del miedo. ¿Qué experiencias y cualidades regaron que hicieron que hoy se encuentre esta semilla en tu conciencia?

6

Regar las semillas del amor
y transformar las semillas
del sufrimiento

«Doy vida a aquello de lo que soy consciente. De lo que no lo soy, muere.»

VIRGINIA SATIR

Al explorar el jardín de nuestra conciencia y haber reflexionado y examinado las semillas que más han influido en nuestro crecimiento personal, ahora podemos dirigir nuestra atención a los ejemplos y sugerencias para regar las semillas del amor y transformar las del sufrimiento en nuestra vida.

Muchas veces hago una pausa para reflexionar sobre los jardineros influyentes que prepararon el campo de mi ser, regando las semillas dentro de mí basándose en su propio viaje por la vida y en las semillas que regaron dentro de ellos: sus propias esperanzas, sueños, necesidades y retos. Recuerdo fácilmente a las personas que cuidaron, mantuvieron y regaron dentro de mí las semillas de la alegría, la amabilidad y el deseo de servir, así como las que regaron las de la preocupación, el miedo y la crítica. Algunos de sus esfuerzos se reflejan en mi forma de vida actual. Hay momentos en que este proceso de regar y de transformar las semillas sucede al azar, puesto que no todas nuestras conductas proceden de la mente consciente.

En mí y en mis hermanos las semillas del logro y del éxito las regaron nuestros padres que se educaron en el periodo posterior a la Gran Depresión. También regaron las semillas de la compasión, la frugalidad y la incertidumbre. Por ejemplo, mi miedo a no tener suficiente ha influido en mi relación con el dinero y en mi rechazo a comprar cosas aunque las necesite. Los maestros y profesores plantaron e inspiraron las semillas del optimismo y de la esperanza y me ayudaron a elegir una carrera que desarrollara mis dones de saber compartir y escuchar, tutelar y servir a los demás. Uno de mis profesores favoritos, Don Willie, prendió la chispa de mi potencial y mis cualidades positivas a través de sus enseñanzas y riego selectivo de mi deseo de aprender, enseñar y ser compasivo con los demás. Su fe en los demás creó en mí una profecía positiva que se cumple a sí misma y la creencia de que independientemente de su origen o de las circunstancias, todas las personas pueden encontrar y desarrollar su verdadero potencial. Su apoyo incondicional y su fe en mí me ayudaron a mí y a muchos de los estudiantes con los que he trabajado a lo largo de mi carrera.

Aunque mis padres regaron las semillas del logro y del éxito en mí y en mis hermanos, también regaron indistintamente —al haber crecido en una etapa de dificultades en la historia de la nación— las semillas de la compasión, de la incertidumbre y del ahorro. Mis maestros y profesores plantaron e inspiraron las semillas del optimismo y de la esperanza y me ayudaron a elegir una carrera que desarrollara mis dones de saber compartir y escuchar, tutelar y servir a los demás.

Los maestros espirituales me han ofrecido y me siguen ofreciendo su guía y sus directrices para mi viaje interior, incluido Thich

Nhat Hanh, maestro que me ha inspirado a «regar las semillas del amor a través de [mi] enseñanza y escritos», como intento hacer ahora.

Mi esposa y yo tenemos el compromiso de regar las semillas de la amorosa benevolencia, la ternura, la compasión y la comprensión en nuestra relación, así como de transformar las semillas de la adversidad que son una parte ineludible de nuestro viaje conjunto por la vida. Con el paso de los años nos hemos vuelto más receptivos a descubrir la verdad de cada momento a la vez que regamos y transformamos las semillas de nuestra conciencia como personas y como pareja.

Como hacen todos los padres, he intentado regar las semillas de la alegría, del afecto y de la risa en mi hijo y en mi hija mientras crecían, aunque ahora que miro retrospectivamente veo que mis esfuerzos no incluyeron las semillas de la paciencia y la presencia. En aquellos tiempos, la semilla de la presencia todavía no había sido bien regada o abonada en mí, y muchas veces mis hijos se convirtieron en mis jardineros, en las jóvenes campanas de la plena consciencia que me recordaban que dejara de saltarme páginas cuando les leía cuentos antes de acostarlos. Ellos me enseñaron a hacer una pausa, a escuchar atentamente y a estar presente por ellos, pues recordaba el poder de sus mentes de principiantes.

Posteriormente, impulsado por mi trayectoria de la enfermedad de la prisa y mi estilo de vida cargado de estrés, en la madurez busqué y encontré una nueva semilla —la plena consciencia— para plantar, regar y cultivar lentamente en el centro de mi conciencia. Aprender la plena consciencia fue para mí la piedra angular de mi jardín, y en última instancia de todas mis relaciones.

Nuestros jardines guardan millares de semillas que hemos regado a lo largo de nuestra vida —algunas parecen adherirse como espinas y otras brillan resplandecientes como los girasoles—. La mayor parte de mi vida he sido feliz y he tenido muchas oportunidades, pero detrás de mi dinamismo y éxito está la semilla de la duda; el sentimiento de «insuficiencia» ha brotado a menudo y ha sido la fuerza impulsora de mi energía del hábito de trabajar sin descanso. Ahora que soy consciente de ello me pregunto: «¿Por qué estoy haciendo esto? ¿Es por mi pasión o por mi deseo de destacar y de sentir que ya es "suficiente"?» Actualmente, cuando surgen estos sentimientos, soy consciente de que puedo elegir aceptar o rechazar todos los mensajes obsoletos que no sean amables o de aceptación, comprender mis motivos y sustituirlos por una conversación interior más positiva que se centre en vivir bien la vida y en la verdad de este momento, estoy bien como soy y no necesito ponerme a prueba una y otra vez.

> *«Cuando aprendemos a parar y a vivir verdaderamente el presente, conectamos con lo que está sucediendo dentro y fuera de nosotros. No nos dejamos llevar por el pasado, el futuro, nuestro pensamiento, ideas, emociones y proyectos.»*

Thich Nhat Hanh

Directrices para cuidar el jardín

Como maestros jardineros nuestra meta en la vida es crear un hermoso jardín, para ello empezamos por adquirir el conocimiento necesario para saber seleccionar las mejores semillas, plantarlas y regarlas, y para tener fe en que crecerá lo que hemos plantado. Como padres, ayudamos a nuestros hijos a que tomen buenas decisiones, para que las semillas negativas regadas por los amigos y los medios no les influyan negativamente. A veces tendremos que arrancar las malas hierbas y crear vallas o barreras de protección para que los capullos puedan florecer saludablemente.

En todas nuestras relaciones, hemos de aprender a limitar nuestra exposición a las semillas negativas como el miedo, la ira, los celos y los sentimientos de duda. Entretanto, también aprendemos a fomentar cualidades positivas como la gratitud, la generosidad, la amorosa benevolencia, la alegría y la compasión. A veces es preciso erradicar las cualidades perjudiciales y encontrar otras que enriquezcan el campo de nuestra conciencia y de nuestras relaciones.

Las siguientes directrices nos ayudarán a poner en práctica este modelo y a prepararnos para el viaje de regar las semillas del amor en nosotros mismos y en los demás.

Mantén abiertas las puertas del corazón y de la mente

Cuando empezamos a explorar las maravillas del momento presente, casi sin darnos cuenta comenzamos a ir más despacio y a tranquilizarnos. Entonces, al conectar con nuestro cuerpo, con nuestros sentimientos y percepciones y dejar metafóricamente abierta la puerta de nuestra mente y de nuestra conciencia almacén, empezamos a descubrir todos los dones que puede ofrecernos este momento. Cuando estamos receptivos a lo que surge en nuestra mente y conciencia almacén, podemos profundizar y sacar a la luz esas historias de nuestra vida que tantas veces desencadenan emociones que hacen que respondamos de forma inconsciente y automática. Desarrollamos una nueva conciencia de conexión entre lo que está sucediendo en el momento y lo que sucedió en el pasado, que nos permitirá tomar decisiones conscientes y vivir plenamente.

Cuando siento rabia en el momento presente, reconozco que este sentimiento se ha ido formando a lo largo del tiempo y que no se relaciona únicamente con la situación actual. Con frecuencia tiene que ver con lo que he metido y almacenado en el campo de mi conciencia. Cuando creas una conexión saludable entre lo que está sucediendo ahora y lo que sucedió en el pasado o en alguna otra faceta de tu vida, creas la condición ideal para el bienestar psicológico.

Tener la puerta abierta significa estar abierto a todo lo que surge en el momento presente. Cuando aflora el sufrimiento del pasado, suelo recurrir a mi antiguo hábito de estar ocupado para evitar esos sentimientos de estrés. Estar receptivo puede ser especialmente difícil cuando las personas que amamos sufren. Tenemos la tendencia de querer cambiar sus sentimientos o de intentar arreglar el problema. Aunque nuestra intención sea ser cariñosos, la forma más profunda de amar es estar presentes, dejar que surjan los sentimientos en nuestro ser querido, y no intentar cambiar o controlar lo que está sintiendo. Amar es regar las semillas de escuchar atentamente, de la compasión y del amor incondicional. Y para ello, las puertas de la mente y del corazón han de estar abiertas.

No des a las semillas negativas la oportunidad de germinar

El paso siguiente es reorganizar nuestras vidas para paliar la influencia de las semillas negativas. Cuanto más tiempo se riega una semilla en la conciencia mental, más probable es que se convierta en una formación mental y por lo tanto que refuerce una historia, que entonces queda profundamente arraigada en la conciencia almacén. Dejar que esas semillas echen raíces puede ser muy grave. Por ejemplo, sé que si me preocupo mucho por acabar un trabajo, al final aparece el miedo. Cuanto más me concentro en el miedo, más se arraiga, abrumándome e impidiendo que haga el trabajo.

Las semillas negativas como la ira, el miedo, los celos y las dudas suelen estar justo debajo de la superficie, a la espera de una invitación para germinar y activarse. Una chispa puede provocar un gran incendio forestal en la mente y en el corazón. Con la práctica de la plena consciencia, es más fácil darnos cuenta de las «condiciones de riesgo máximo de incendio» que activan esas semillas y, gracias a esa toma de conciencia, podemos aplacarlas.

Para mantener latentes las semillas negativas, hemos de revisar las actividades y relaciones que más influyen en nuestros sentimientos de felicidad o de sufrimiento. Hemos de recordar que los sentimientos se generan después de haber sido expuestos a las variables, o posibles desencadenantes, que riegan las semillas negativas. Una forma de reducir los factores desencadenantes que activan las semillas negativas es rodearte de amigos que reconocen tus cualidades positivas. Los celtas veneran un concepto al que llaman «*Anam Cara*» o alma amiga: una persona que te acepta incondicionalmente. En el lenguaje de la semilla, una persona así nos ayuda a entrar en contacto con las semillas bellas que tenemos dentro y a desactivar los factores que influyen en nuestras semillas negativas.

Otra forma de controlar la influencia de las semillas negativas es ser consciente de nuestro consumo. En este mundo tan avanzado tecnológicamente, en el que estamos conectados veinticuatro horas al día todos los días de la semana, tenemos infinidad de estímulos para entretener y alimentar nuestra sed de información y de conexión. Al reducir tu consumo de medios de comunicación, especialmente de los medios que son violentos por naturaleza, puede que descubras, como me sucedió a mí, que no sientes tanta ansiedad en tu vida cotidiana. Esto no significa que cierre los ojos al mundo o al sufrimiento. Puedo ser compasivo sin tener que preocuparme por las noticias que dan los medios. Personalmente, me he hecho la promesa de evitar el consumo de cualquier tipo de violencia, puesto que es combustible de primera para que prendan las semillas negativas. La violencia es especialmente dañina para nuestros hijos. Con frecuencia incita a modelos nocivos para resolver conflictos, desensibiliza a los jóvenes frente a los actos violentos y ha regado miles de semillas de sufrimiento.

Es imposible controlar todas las circunstancias de la vida y evitar el contacto con todas las semillas negativas. Hasta los encuentros accidentales pueden desencadenar sentimientos que habían estado almacenados, especialmente si no los habíamos transformado. Por ideal que fuera tu infancia o por positivas que sean hoy tus relaciones, sigues llevando las semillas negativas que fueron plantadas en el pasado y que siguen influyendo en tu vida y en tus relaciones.

Plantéate las siguientes estrategias para transformar esas semillas:

VUELVE AL MOMENTO PRESENTE

El concepto de Eckhart Tolle de «cuerpo del dolor» que define como «el conjunto de todo el sufrimiento, miseria y pena que ha soportado una persona durante toda su vida, y todas las cosas que ha heredado de su cultura y de su historia familiar» se parece a la conciencia almacén. Según Tolle, la única forma de reducir el impacto de este sufrimiento es regresar al presente para que la mente ya no tenga que identificarse con el dolor colectivo que está experimentando. Por lo tanto, la práctica de la plena consciencia y de experimentar plenamente el momento presente es la forma ideal de contrarrestar las semillas del sufrimiento a medida que van surgiendo.

RESPIRACIÓN CONSCIENTE

Al incorporar la plena consciencia a nuestra conciencia de vigilia y mediante la práctica de la respiración consciente, cambiamos espontáneamente nuestro centro de atención y nuestro cuerpo y mente se relajan.

Inspirando, soy consciente de mi inspiración.
Espirando, soy consciente de mi espiración.
Inspirando, soy consciente de este hermoso día.
Espirando, sonrío.

CAMBIA DE MÚSICA

El Buda decía «cambia la clavija», que era una metáfora que procedía de observar cómo se arreglaban los muebles hace más de 2.600 años. Cuando a un mueble se le rompía una pieza, se reparaba cambiando la clavija entre las dos piezas de madera que se tenían que ensamblar, se sustituía la clavija debilitada y rota por otra fuerte y entera. Una metáfora más actual sería cambiar a una música más relajante o placentera y cambiar tu centro de atención y concentrarte en algo más positivo que te ayude a afirmarte.

La oración clásica de san Francisco de Asís siempre me ha conmovido. Cada línea puede ser una afirmación que nos ayude a cambiar de clavija o de música:

Oh, Señor, hazme un instrumento de tu paz.
Donde haya odio, lleve yo el amor.
Donde haya ofensa, lleve yo el perdón.
Donde haya duda, lleve yo la fe.
Donde haya desesperación, lleve yo la esperanza.
Donde haya tristeza, lleve yo la alegría.

Da a las semillas positivas la oportunidad de germinar

Una de las ventajas de las relaciones es que nos ofrecen la oportunidad de cultivar en los demás su propio deseo de reconocer y fomentar las cualidades positivas en ellos mismos y en los demás. Cada vez que premiamos la conducta positiva en un niño, esa semilla se fortalece en su mente y crea raíces profundas en el campo de su conciencia almacén.

Hace varios años, mi esposa llevó a nuestro joven sobrino a una librería muy conocida de Portland. Su padre le había dado dinero para que se lo gastara allí y estaba entusiasmado con la visita. De camino hacia la tienda, pasaron por un portal donde había un mendigo dentro de su saco de dormir. Mi sobrino preguntó por qué estaba allí y mi esposa le respondió que no tenía hogar. Sin incitación o recomendación de ningún tipo, nuestro sobrino simplemente se dirigió a ese hombre y le puso el dinero que le habían dado cerca de su saco de dormir. Fue un gran ejemplo de que sus padres habían regado las semillas de la compasión y la generosidad en su joven vida.

Puede que nos sea útil organizar nuestro día de modo que podamos favorecer las oportunidades de que surjan las semillas positivas, como pasar tiempo al aire libre, donde las semillas de la alegría y de la belleza brotan juntas en paz y serenidad, estar en compañía de amigos positivos y cultivados que influyen en que nuestras semillas positivas germinen y echen raíces. ¡Qué distintas serían nuestras relaciones si cada día dedicáramos tiempo a reconocer y a iluminar las cualidades hermosas que hay dentro de nosotros y de los demás!

«Reconoce las semillas positivas en la persona que amas, riega esas semillas y esa persona será mucho más feliz.»

THICH NHAT HANH

Si aprendemos a organizar conscientemente nuestras vidas para que las semillas positivas reciban atención muchas veces al día, reforzaremos nuestro bienestar y la calidad de nuestras relaciones con nuestros seres queridos. Cuanto más retenemos esas formaciones mentales positivas en nuestra conciencia mental, más reforzamos la conciencia almacén o base.

Práctica:

- Haz un viaje al pasado y crea un mapa de tu jardín psicológico, ilustrando las semillas del amor y las del sufrimiento que te han conducido hasta donde estás ahora. Dedica un tiempo a dar las gracias a aquellos a quienes debes lo que eres y tienes ahora.

- Busca formas de regar las semillas de la amorosa benevolencia, la compasión, la alegría y la ecuanimidad. (Puedes consultar los capítulos siguientes de este libro si deseas aclarar más este tema de las semillas.)

- Reflexiona sobre las formas en que puedes aplicar la plena consciencia para transformar las semillas del sufrimiento, incluido el miedo, la preocupación, la ira, la insuficiencia, los celos y los caprichos.

- Observa si pasas más tiempo al día regando las semillas del amor o las semillas del sufrimiento.

Si tienes problemas en tu relación,
vuelve al principio,
descubrirás que plantaste sus semillas
y que luego las descuidaste.
Crecieron sin que nadie se diera cuenta
hasta que su fruto maduró y te sorprendió.
Pero si descubres dónde se plantaron las semillas,
también descubrirás sus raíces,
y si arrancas las raíces,
tu problema desaparecerá.

WILLIAM MARTIN

7

La práctica del mantra

«Tu mente se dirigirá hacia aquello en lo que pienses con frecuencia.»

BUDA

En cierto modo, probablemente todos somos conscientes de que aquello en lo que nos concentramos se manifiesta en nuestra vida cotidiana. A través del proceso de la práctica del mantra, descubrirás cómo dirigir tu intención y manifestar lo que realmente deseas regando las semillas positivas en ti y en tus relaciones.

¿Qué son los mantras?

Según Thich Nhat Hanh, «un mantra es una fórmula mágica que cuando se pronuncia puede cambiar por completo una situación, nuestra mente, nuestro cuerpo o a una persona. Pero esta fórmula mágica se ha de repetir en un estado de concentración; es decir, cuando el cuerpo y la mente se encuentren en un estado de unidad absoluta».

Los mantras no son una novedad. Todas las religiones del mundo prescriben algún proceso para calmar la mente: meditación, reflexión, contemplación, canto, oración. Los psicólogos y los maestros espirituales recomiendan el uso de afirmaciones positivas, que son otro tipo de mantras. Según la maestra espiritual Louise Hay, las afirmaciones son una forma de dirigir los pensamientos y el pensamiento para mantener una visión positiva: «Son como pequeños recordatorios de nuestro yo interior». En el lenguaje de la semilla, son medios para mantener la atención en las semillas positivas de nuestra conciencia.

Los mantras nos ayudan a unir la mente y el cuerpo a través de la repetición —verbal y no verbal— de palabras, sonidos o frases cortas. Esta práctica repetitiva se convierte en una meditación en movimiento que nos ayuda paulatinamente a parar, calmarnos y concentrarnos en lo que importa en el momento, facilitando que reguemos las semillas del amor de una forma más consciente.

Mantra, es una palabra sánscrita que se puede dividir en dos partes; *manas* que significa «mente» y *tra* que significa «herramienta». Los mantras son herramientas para ejercitar la mente y utilizándolas con regularidad reforzamos nuestra capacidad para abonar las semillas apropiadas y las relaciones que deseamos. Una de las formas de regar las semillas apropiadas es primero determinar qué semillas hemos de cultivar y luego crear la práctica del mantra para reforzar la cualidad de esa semilla tanto en la mente como en la conciencia almacén.

El valor de los mantras

Los mantras se pueden convertir en una poderosa herramienta mientras aprendemos a regar las semillas del amor en nosotros mismos y en los demás. La vida pone a prueba constantemente nuestra capacidad para estar presentes, concentrados, meditar y orar. La mente, que suele estar abarrotada de pensamientos de preocupación y de conversaciones que no cesan nunca, parece un mono que salta continuamente de árbol en árbol. No es por casualidad que los budistas la llaman «la mente del mono», y refleja uno de nuestros grandes retos como jardineros. Los mantras pueden ayudarnos a encontrar consuelo en espacios silenciosos dentro de nuestra conciencia que suelen estar ocupados con distracciones absurdas. La práctica de los mantras reduce el estrés general e infunde en nuestra conciencia mensajes que influyen positivamente en nuestro cuerpo, mente y espíritu.

Por ejemplo, los estudios han demostrado que los católicos que rezaban el rosario o una serie de avemarías regulaban su presión sanguínea, ritmo cardíaco y respiración de formas curativas. Los budistas recitan el conocido mantra «*Om Mani Padme Hum*» con resultados similares. Todas estas frases repetitivas crean una autorregulación que influye favorablemente en el sistema inmunitario, reduce la inflamación y regula los niveles de azúcar en la sangre.

El doctor Herbert Benson, uno de los pioneros en introducir la práctica de la meditación en la medicina, descubrió que todas las técnicas de meditación tenían una influencia fisiológica positiva. Sin embargo, puede que a las personas que siguen una tradición espiritual o religiosa les inspire más elegir palabras dentro de su ámbito. Por ejemplo, para los cristianos repetir sus versículos favoritos de la Biblia o la «Oración centrante» de Basil Pennington, puede ser un poderoso medio para redirigir su atención y alejarla de las semillas negativas, mientras que, para los budistas, frases como «Estoy lleno de amorosa benevolencia» pueden ser más eficaces para centrar su atención. Cuanto más personal sea el sentido que le damos al mantra, más eficaz parece ser.

Crea tu propia práctica del mantra: creencia y repetición

Al crear un mantra es importante empezar por una palabra o frase que tenga sentido para nosotros. Además, para que esta práctica como cualquier otra sea eficaz, hemos de creer que tendrá un efecto positivo. Luego hemos de repetir esa palabra o frase muchas veces para alejar nuestra atención de los factores que nos estresan diariamente y dirigirla hacia las cualidades que son importantes para nosotros, infundiendo de este modo las semillas positivas en el campo de nuestra conciencia.

> *«Cuando hablas con el cien por cien de tu ser, tu habla se vuelve mántrica. En el budismo, un mantra es una fórmula sagrada que tiene el poder de transformar la realidad. No es necesario que repitas los mantras en algún idioma extranjero como el sánscrito o el tibetano. Puedes hacerlo en tu propio y hermoso idioma. Pues si tu cuerpo y tu mente se han fusionado en la plena consciencia, todo lo que digas se convertirá en un mantra.»*

> THICH NHAT HANH

Práctica del mantra:

- Elige una frase que tenga un significado personal y/o espiritual o religioso para ti. «Avemaría» o «Padrenuestro», «Dios», «*Om*», «Alá», «Paz», «Amor» son algunos ejemplos. Idealmente, las palabras deberían resultarte familiares y transmitirte paz y generar amorosa benevolencia.
- Como en todas las prácticas de meditación formal, buscarás una postura cómoda y empezarás a concentrar tu atención en

tu respiración mientras repites verbalmente o en silencio la(s) palabra(s) o frase que has elegido. Cuando tu mente empiece a divagar, vuelve a concentrarte en la respiración y en la palabra o frase, una y otra vez. Mantén esta postura cómoda de 10 a 20 minutos. Con la práctica diaria de la meditación aprendes a hacer una pausa y a calmarte, a la vez que riegas las semillas que abonarán y favorecerán tu viaje.

Podemos usar los mantras formalmente cuando nos sentamos a meditar u orar, pero también podemos utilizarlos como práctica en nuestras relaciones con nuestros seres queridos. Por ejemplo, cuando estamos con alguien a quien amamos, esa persona se convierte en el centro de nuestra meditación u oración. Para vivir el momento presente cuando estoy con otra persona, podría decirme a mí mismo: «Estoy aquí por ti».

Riego selectivo y práctica del mantra

Aprender a amar requiere comprender a nuestros seres queridos y a nosotros mismos. Cuando entendemos a otra persona, sabemos qué mensajes refuerzan nuestra relación con ella. Como irás descubriendo hay miles de semillas, algunas de las cuales necesitan más atención que otras. Cada persona es única y no existe ningún «mapa del amor» o guía para plantar semillas que sirva para todos.

Ahora que nos hemos concentrado en comprender las prácticas del jardinero, nos centraremos en examinar las distintas semillas de la conciencia, capítulo por capítulo. Para cada semilla, como la de la compasión, sugeriré un mantra para que esta práctica cobre vida en tu día a día. Cuando te familiarices con la misma y cuanto mejor comprendas las semillas en tus seres queridos, descubrirás tus propias formas de concentrarte en la plena consciencia y en desarrollar tu práctica del mantra para abonar las semillas que precisan atención.

Disfruta de tu viaje. Que encuentres los medios para ser un maestro jardinero de ti mismo y de todas las relaciones que tienes en tu vida.

Práctica:

- Cuando inicies la práctica del riego selectivo, revisa la tabla de semillas del capítulo 5 y elige qué semillas has de regar o transformar en tu vida. Descubrir qué semillas positivas has de regar y qué semillas negativas te hacen sufrir es una forma muy poderosa de empezar esta práctica.
- Concéntrate en una semilla y crea un mantra para que te ayude a regar o a reforzar esa(s) cualidad(es) en ti y en las personas que amas. Por ejemplo, me doy cuenta de que me es más fácil estar con las personas que amo cuando son felices y positivas. Sin embargo, el amor verdadero significa estar también con ellas cuando te hacen daño. En esos momentos, me esfuerzo por regar más la semilla de la compasión repitiendo el mantra: «Estoy aquí por ti y tengo el corazón abierto».

TERCERA PARTE

Las semillas que todo jardín necesita

«Un hombre le preguntó al Buda: "¿Qué puedo hacer para estar seguro de que estaré con Brahma después de morir?" Y el Buda respondió: "Como Brahma es la fuente del Amor, para morar con él deberás practicar los Brahmaviharas; es decir, amor, compasión, alegría y ecuanimidad"».

THICH NHAT HANH

Esta sección consta de cuatro capítulos que definen las cualidades esenciales para todas las relaciones (amorosa benevolencia, compasión, alegría y ecuanimidad). Al regar esas semillas primordiales descubrirás las mejores formas de crear la comprensión necesaria para saber cuál es la mejor forma de amar a otro. Estas semillas se suelen llamar «inconmensurables» puesto que cuando se riegan y practican, pueden extender nuestro amor personal al mundo entero. Son la respuesta a la pregunta: «¿Cómo puedo amarte mejor?»

Si tus relaciones se basan en la práctica de la amorosa benevolencia, siempre velarás por los intereses de los demás. Cuando la amorosa benevolencia sea tu más ardiente deseo, con tu compasión podrás ayudar a una persona que sufre. Cuando estés anclado en la amorosa benevolencia, celebrarás la alegría de los demás. Y cuando a pesar de tu gran deseo de ayudar, haya alguien que sufre y no puedes hacer nada, tu mejor regalo será la ecuanimidad, una presencia tranquila y centrada. Como podrás ver, cada una de estas semillas esenciales están interrelacionadas y dependen las unas de las otras. Son los pilares del jardín en todas las relaciones saludables.

8

La amorosa benevolencia

«Mi aspiración es regar la simiente de la amorosa
benevolencia para crear el entendimiento que me permita
aportar alegría y felicidad a mis seres queridos y a todos los
seres.»

THICH NHAT HANH

Imagina que vivieras con la única intención de que cada interacción fuera una oportunidad para albergar los mejores deseos y buena voluntad hacia los demás, en tu mente y en tu corazón. La *amorosa benevolencia* es esa intención, es la capacidad de ofrecer alegría, buena voluntad y felicidad a otra persona.

La amorosa benevolencia se basa en el arte de saber iniciar todas nuestras relaciones viendo lo bueno de todas las personas que conocemos. Hace muchos años, en Tailandia, un monje vio que en una fisura de una estatua de arcilla del Buda se veía algo brillante. Se puso a rascar la arcilla y descubrió un Buda de oro macizo. La leyenda nos da a entender que los monjes ocultaron el oro camuflándolo con arcilla para evitar que los invasores les robaran el tesoro. Esta historia es un recordatorio de que lo que estamos buscando suele ser una joya que está escondida dentro.

Piensa en las personas que te saludan con amabilidad y que te aceptan sin importarles tu estado de ánimo o situación. Irradian la energía de la amorosa benevolencia, que normalmente es más fácil experimentarla que describirla. Cuando pensamos en la persona más adorable que conocemos, automáticamente sonreímos porque proyecta una energía de alegría que a su vez riega la alegría en nosotros. La amorosa benevolencia es abierta, espaciosa y desbordante; no efusiva o sentimentalista, sino verdadero júbilo y ternura. Las personas que son ejemplos de estas cualidades manifiestan espontáneamente su aprecio, están pendientes de las necesidades de los demás y tienen un don natural para ser afectuosas y humanitarias.

En las tradiciones de sabiduría, se afirma que la amorosa benevolencia genera numerosos beneficios personales como mejorar la salud y el bienestar, la capacidad para amar con más profundidad y confianza, puesto que hace que proyectemos un resplandor desde nuestra mente y nuestro corazón. La amorosa benevolencia siempre se practica por el bien de los demás, y debido a nuestra «naturaleza de interser» la práctica produce una satisfacción mutua. La práctica de la amorosa benevolencia comienza con el amor y la aceptación incondicionales de uno mismo. Como dijo Sharon Salzberg: «Puedes explorar el universo en busca de alguien que sea más merecedor de tu amor y tu afecto que tú mismo, y no encontrarás esa persona en ninguna parte».

Amarse a uno mismo no significa ser arrogante, egoísta o engreído. Se trata de respetar y de honrar a tu yo y tu viaje por la vida único y exclusivo. Amarse a uno mismo implica conocerse y responsabilizarse de uno mismo. Eres consciente de tus puntos fuertes y de tus debilidades y estás receptivo al cambio y a la evolución. Amar a otra persona sólo es posible cuando surge de la semilla del amor hacia uno mismo.

Hace más de 2.600 años, el Buda estaba practicando con sus monjes en Jeta Grove, India, durante la estación de las lluvias. Tal como observaba la tradición, los monjes se trasladaron temporalmente al bosque para la práctica intensiva de la meditación. No obstante, una vez allí, se dieron cuenta de que las «deidades arbóreas» estaban haciendo todo lo posible para asustarles y echarles de su bosque. Al sentirse acosados y estar asustados, acudieron al Buda y le transmitieron sus temores. El Buda les enseñó la práctica denominada *metta*, la meditación de la amorosa benevolencia, como antídoto para su miedo. Empezaron a transmitir pensamientos de amor y de paz para todos, al final eliminaron sus temores y vivieron pacíficamente en el bosque durante su retiro. ¿Cuántas veces nos despertamos a media noche acosados por las deidades del miedo en forma de plazos de entrega, proyectos y sentimientos de falta de autoestima? Regar la semilla de la amorosa benevolencia en nosotros y en los demás es una forma de cultivar el amor y la paz en nuestras vidas.

Prácticas para desarrollar la amorosa benevolencia

COMPRENDER A QUIÉN AMAMOS Y LO QUE AMAMOS

La plena consciencia se basa en recordar quiénes somos, dónde estamos y qué amamos. La práctica de la amorosa benevolencia empieza con una intención o dirección de nuestro amor. Dedicar unos momentos a reflexionar sobre las preguntas «¿Qué amo?» y «¿A quién amo?» nos ayudará a empezar a adquirir el conocimiento de cómo amar mejor.

El amor por mi esposa es incuestionable, pero decirlo no basta. Reflexionar sobre ella como ese «quién» a quien amo me anima a comprender mejor sus necesidades para poder apoyarla y convertirla en el centro de mi vida. «¿He regado hoy la semilla del amor en ella? ¿He practicado la amorosa benevolencia cuando nos hemos relacionado o comunicado? ¿O se está marchitando la flor de mi amor?» Al ser consciente y llevar tu atención hacia lo que amas y hacia quien amas, el objeto de tu amor florece porque hay comprensión.

En otras áreas de tu vida también puedes aplicar prácticas similares, por ejemplo, el medio ambiente. Decir que amamos a nuestro planeta no es suficiente. Hemos de dedicar tiempo a aprender qué necesitamos para apoyar a nuestro medio ambiente y ocuparnos de él, para saber cómo conservar y cuidar del planeta que amamos.

SÉ AMOR

Es muy fácil esperar que los demás sean afectuosos y amables, pero con frecuencia se nos olvida la reciprocidad de este concepto. Aprender a cuidar de uno mismo, como si se tratase de un padre o una madre, de tu pareja o de un compañero o compañera de trabajo es el tipo de amor personal que necesitas para renovarte y gozar de bienestar. Cuando un padre o una madre se cultiva, está creando un mensaje positivo de atención y amor hacia sí mismo que no puede ser sustituido por palabras. Ser un modelo o mensajero de la amorosa benevolencia, en última instancia, siempre es la mejor forma de recibir amor. Los demás se sienten atraídos espontáneamente hacia la energía de la amorosa benevolencia: una sonrisa afectuosa, palabras de aprecio, afecto y atención amable. Recuerda que en esencia tú eres amor.

PRACTICA *METTA*

Metta o la amorosa benevolencia es algo que deberíamos practicar en todo momento y todos los días. Podemos ofrecernos la práctica de la amorosa benevolencia a nosotros mismos, a alguien por quien sintamos empatía, a alguien por quien sintamos afecto, a una persona neutral o incluso a alguien con quien tengamos problemas. Ofrecemos la amorosa benevolencia con el fin de crear felicidad en otra persona y en nosotros mismos. Es el proceso de desarrollar una energía amable y afectuosa que literalmente impregne cada una de nuestras relaciones.

Hace varios años mi esposa y yo empezamos a practicar *metta* mutuamente por las noches antes de dormir. Gracias a esto nuestro sueño era más profundo y reparador. En nuestra práctica empezamos por nosotros mismos:

Que me llene de amorosa benevolencia.
Que me libere del sufrimiento.
Que encuentre la alegría.
Que esté bien.
Que encuentre la paz.

Tras dirigir estas palabras y sentimientos de amorosa benevolencia hacia nosotros mismos, los dirigimos hacia otra persona repitiendo las frases mencionadas pero sustituyendo el «yo» por el «tú». Terminamos enviando esta amorosa benevolencia a las personas que amamos y especialmente a las que sabemos que están atravesando alguna dificultad en estos momentos.

A veces resulta más fácil transmitir la amorosa benevolencia a otras personas que recordar incluirnos a nosotros mismos en el proceso. A muchos nos han educado con la advertencia de que hemos de anteponer a los demás, a veces a costa de no amarnos a nosotros mismos. ¿Cómo podemos dar a los demás lo que no hemos cuidado en nosotros mismos? Personalmente, he descubierto que practicar la amorosa benevolencia hacia mí mismo a través de la meditación, la reflexión en silencio, de dar largos paseos, y sobre todo, a través de estar con mis seres queridos, por ejemplo, me aporta más tiempo y energía para dar a los demás y, en última instancia, todos nos beneficiamos.

PRACTICA LA BENEVOLENCIA

Por último, vamos a ver una sencilla práctica que el Dalái Lama aplica en todas sus intervenciones: la benevolencia. Con la intención y la práctica de la benevolencia, todas las personas recuerdan su capacidad para experimentar alegría, buena voluntad y felicidad. Esto queda maravillosamente expresado en la letra de «Benevolencia», una bella canción que cantan los monjes de Plum Village, Francia, donde vive Thich Nhat Hanh:

> «*¿Cuál es la mayor, cuál es la mayor, cuál es la mayor de las sabidurías? ¿Cuál es la mayor, cuál es la mayor, cuál es la mayor de las sabidurías? La benevolencia, la benevolencia, ésa es la mayor sabiduría.*»

A veces cuando tengo el privilegio de oficiar un casamiento, suelo decir lo siguiente: la semilla de la amorosa benevolencia es el pilar de vuestra relación. Escúchate atentamente y escuchaos el uno al otro para que vuestra prioridad sea siempre la buena voluntad y la felicidad mutua. En este proceso aprenderéis a ayudaros mutuamente y a desarrollar el verdadero amor. Cuando practiquéis la amorosa benevolencia, vuestra vida emanará amor espontáneamente: el pilar para una vida feliz.

No importa a qué tradición espiritual pertenezcas, recuerda siempre las palabras del Dalái Lama cuando dice: «Mi religión es la benevolencia». Con este recordatorio aprendemos a regar la semilla de la amorosa benevolencia a través de practicar *metta* cada vez que nos relacionemos. Siempre que ofrecemos alegría y buena voluntad a otra persona crece la semilla de la amorosa benevolencia. Ésta empieza por uno mismo, irradia a los demás y pronto se vuelve ilimitada.

Mantras:

- Hoy hago una pausa para recordar a quién amo y qué amo.
- Aspiro a entender a los demás y a apoyar su crecimiento.
- Que (tú, otros) me llene de amorosa benevolencia.
- Que (tú, otros) encuentre alegría.
- Que (tú, otros) esté bien.
- Que (tú, otros) encuentre la paz.
- Hoy desearé bienestar y buena voluntad a todas las personas que vea.

9

La compasión

La compasión surge de la naturaleza ilimitada del amor. Si deseamos practicar realmente la semilla de la amorosa benevolencia, deseamos lo mejor para los otros y liberarles de su sufrimiento. Cuando decimos «Te quiero», ¿cómo se traduce eso en conductas? Puesto que además del sustantivo amor también existe el verbo amar, se precisa algún tipo de acción. En las relaciones cotidianas, estar disponible para esa persona es más importante que hacer. Cuando surgen dificultades en una relación, existe la tendencia a intentar arreglar 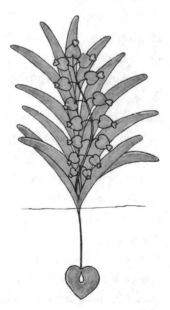 los problemas. Cuando amamos a alguien es casi instintivo intentar hallar la manera de mejorar las cosas de inmediato. Sin embargo, la mejor respuesta puede ser sencillamente *estar* a su disposición, escuchar, ofrecer nuestra presencia y demostrar de palabra y obra que no hay nada más importante en ese momento. Al hacer esto aprendemos a comprender cómo y por qué están sufriendo, somos compasivos.

Llega un momento en nuestras vidas en que hemos de dar amor de formas más activas. Ya sea cuidando a nuestros padres ancianos o trabajando como voluntario para una comunidad. Quizás hemos de consolar a otra persona en un momento de profunda tristeza o cuando está atravesando una tragedia personal. Esto son experiencias que exigen más de nosotros; más tiempo, más energía, más recursos. Cuando ofrecemos nuestras acciones con el espíritu de la amorosa benevolencia, este acto puede ayudarnos a ser más compasivos y más conscientes del viaje único que está realizando cada uno de nuestros compañeros humanos.

Hace varios años mi esposa y yo hicimos un viaje de peregrinación a la India, acompañando a un grupo de discípulos. En ese viaje, desde la vista que nos brindaba el autocar turístico de doble piso, todos nos quedamos profundamente conmovidos al ver a una niña de seis años con una grave deformación facial. Después nos enteramos de que tenía un tumor congénito en la boca y que su gran desarrollo le había causado muchos problemas, especialmente desnutrición, y cargas psicológicas para ella misma y para su familia. Rita, una compañera de peregrinación, hizo un llamamiento a que encontráramos a esa niña y a su madre y les ofreciéramos nuestra ayuda. Tras el viaje, Rita creó un programa para ayudar a la pequeña *Muni*, que supuso muchos viajes de ida y vuelta a la India para trabajar con el sistema sanitario del país. Gracias a la recolección de fondos y a su gestión, Muni pudo sonreír por primera vez en su vida. Gracias a la amorosa benevolencia de Rita, se regó la semilla de la compasión en nuestra comunidad de amigos de todo el mundo, que encontró diversas formas de abrir su corazón para aliviar el sufrimiento de esta jovencita hindú y ofrecerle una nueva vida.

No des nunca la espalda

En ese viaje aprendimos una lección muy importante: a tener nuestros corazones abiertos al sufrimiento existente y a no dar la espalda. He utilizado ese axioma para afrontar muchas dificultades en mi vida. A veces es mi amada quien sufre, o mi hijo o mi hija. La compasión es la capacidad de aceptar ese momento de sufrimiento. A veces es una persona sin techo que pide limosna. A veces doy, a veces no, sin embargo, siempre procuro mantener mi corazón abierto con la actitud que un maestro indio denomina la «mirada de la compasión». En ese momento, se riega la semilla de la compasión en la otra persona y en nosotros mismos.

«Puedes darle la espalda al sufrimiento en el mundo, eres libre para hacerlo, pero quizás ese mismo acto suponga el sufrimiento que podrías evitar.»

FRANZ KAFKA

¿Qué es la compasión?

El origen de la compasión se puede entender mejor cuando dividimos la palabra en dos partes: «com» que significa «junto con» y «pasión», que significa «sufrir». El verdadero amor tiene un propósito fundamental que es reducir y transformar el sufrimiento o dolor de los demás. En el budismo, la diosa Avalokiteshvara o Kwan Yin, es una *bodhisattva*, que es una figura arquetípica que representa a los seres que han «despertado» al sufrimiento de los demás. Se dice que ella practica «mirar con ojos compasivos y escuchar atentamente el llanto en el mundo». Para regar la semilla de la compasión hay que estar abierto, ser consciente de los llantos de sufrimiento y tener la voluntad de ayudar a los demás, de no dar la espalda. La Madre Teresa dijo una vez: «Es fácil ir a la India y ser consciente del sufrimiento, pero también puedes encontrar el sufrimiento en casa de tu vecino».

«Para desarrollar la compasión en nosotros mismos, hemos de practicar la respiración consciente, la escucha atenta y la observación profunda.»

Thich Nhat Hanh

La compasión es la capacidad de conmoverse por el sufrimiento que existe dentro de uno mismo y de los demás. Desarrollamos esta cualidad identificándonos con el sufrimiento o siendo conscientes del mismo. A través de la empatía por el sufrimiento de otra persona aplicamos la observación profunda y decidimos si vamos a implicarnos. Si optamos por hacerlo, ¿qué hemos de hacer para reducir activamente su sufrimiento? La compasión es el deseo de aliviar el sufrimiento de otro; es una demostración activa del «verdadero amor». Te amo no sólo de palabra, te amo y estoy contigo porque sé que estás sufriendo.

En los diez últimos días de vida de mi suegra, las enfermeras y enfermeros del centro de cuidados paliativos, los asistentes sanitarios, musicoterapeutas, trabajadores sociales y capellanes cuidaron de ella y de nosotros. Fue muy hermoso ver que al proporcionarle los cuidados terminales, los cuidadores no intentaron prolongarle la vida. Por el contrario, procuraron evitarle el dolor en todo momento para que pudiera marcharse. Después de casi diez días de numerosos actos de compasión, por fin llegó su hora y dio su último suspiro. Al observar esos hermosos actos de compasión, se regó en nosotros la semilla que nos permitió sentir nuestro duelo. Observar actos de compasión regó esa cualidad como si fuera una suave lluvia, y quedó profundamente arraigada en nosotros y lista para emplearla en el futuro con otras personas que sufran.

Cuando somos capaces de abrirnos a la semilla de la compasión, ya sea como testigos o como receptores, la estamos abonando. Al observar acciones compasivas nos inspiramos a proseguir o a transmitir esos sentimientos a todas las personas que conocemos. El concepto de «contagio emocional» ratifica esta afirmación, pues cuando ves a una persona o grupo que actúa de cierta forma puedes contagiarte y sentir las mismas emociones.

El psicólogo David McClelland, en un estudio clásico donde acuñó la expresión «Efecto Madre Teresa», descubrió que los estudiantes que habían visto un vídeo de la Madre Teresa cuidando a los niños huérfanos en Calcuta sufrieron una influencia positiva. En este estudio los alumnos de Harvard experimentaron significativos aumentos de un anticuerpo del sistema inmunitario. También parecía que se concentraban más en amar y en ser amados.* Según parece, los actos de compasión pueden despertar la compasión dentro de nosotros.

Desde la actitud de desear lo mejor para los demás, me doy cuenta de que mi principal función es estar presente con el corazón y la mente abiertos: dejar hablar a los demás, observar en vez de reaccionar y demostrar con mi amable presencia, con estar presente, que les apoyo incondicionalmente. Esas personas saben que pueden compartir su sufrimiento y las semillas de las dificultades que

---

* Este estudio, denominado «The effect of motivational arousal through films on Salivary Immunoglobulin A», se publicó por primera vez en *Psychology & Health*, volumen 2, número 1, 1988, páginas 31-52.

se están manifestando en esos momentos. Este conocimiento les permite ser congruentes y favorece una comunicación saludable entre el jardín y la tierra, lo que experimentan ahora y lo que han guardado en su conciencia.

Prácticas para desarrollar la compasión

RESPIRACIÓN CONSCIENTE

Una de las mejores formas de apoyar a otra persona es volver a tu respiración. Para estar presente con los demás y con nosotros mismos: inspirando, soy consciente del momento presente. Espirando, acepto este momento. Inspirando, soy consciente del sufrimiento de otra persona. Espirando, acepto su sufrimiento.

ESCUCHAR ATENTAMENTE

Confírmale con tu presencia que es la persona más importante en este momento, que diga lo que diga no le darás la espalda. Escuchar atentamente es una forma muy poderosa de ayudar a liberar el sufrimiento. Estoy aquí por ti y, con el respaldo de la aceptación del silencio amoroso, escucho atentamente.

ESCUCHARSE A UNO MISMO

Reconoce qué está sucediendo en tu cuerpo, en tus sentimientos y en tus percepciones (pensamientos) en estos momentos: estoy triste, soy consciente de mis pensamientos, siento tensión en mi cuerpo. Regreso a mi respiración para estar verdaderamente en calma y escuchar.

OBSERVACIÓN PROFUNDA

Concéntrate en lo que te ha conmovido al relacionarte con otra persona y procura no alejarte del dolor que está surgiendo. Muchas veces, el dolor de alguien removerá algún asunto en lo más profundo de tu ser, normalmente se tratará de alguna historia por resolver de tu pasado. En ese momento se te brinda la oportunidad de saber más sobre ti mismo.

Ser compasivo con los demás empieza por la compasión hacia uno mismo. Sé receptivo a las historias de la otra persona y sigue expandiendo esos sentimientos a todas las que conoces, a las que nunca conocerás y a la madre tierra.

> *«Si quieres que los demás sean felices, practica la compasión; si quieres ser feliz, practica la compasión.»*

DALÁI LAMA

Mantras:

- Sé que estás sufriendo y por eso estoy aquí por ti.
- Cuando sufro, hago una pausa para aceptar lo que noto, pienso y siento, para estar con lo que es.
- Cuando hay sufrimiento, me paro, respiro y mantengo mi corazón abierto.

10

La alegría

«Las obras de amor siempre son obras de alegría.»

MADRE TERESA

¿Hay alguna persona en tu vida que siempre hace que te sientas mejor después de haber estado con ella? Quizás estabas desesperado o triste, pero al cabo de un rato de estar en su compañía, te has sentido más aliviado, agradecido o incluso inspirado. Te has dado cuenta de que sonríes más, y estos sentimientos han perdurado después de haber estado juntos. Esto es lo que se siente cuando se han regado las semillas de la alegría en tu interior.

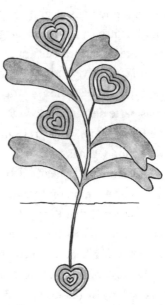

Posiblemente, esa persona eres tú; la que ofrece alegría a todas las personas que ve, la que riega las cualidades hermosas en los demás, como si estuviera cuidando las flo-

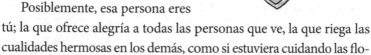

res más bellas de sus jardines. ¿Cómo crees que cambiaría tu vida si te convirtieras en un catalizador para transmitir alegría a las personas que ves diariamente? ¿De qué modo cambiaría eso tus relaciones con tus seres queridos? Como dice el famoso filósofo espiritual Henri Nouwen: «La alegría no es algo que simplemente nos suceda. Hemos de elegirla y seguir haciéndolo todos los días». A lo que yo añadiría que es algo que hemos de elegir en cada momento.

¿Qué es la alegría?

Thich Nhat Hanh, en su libro clásico *Enseñanzas sobre el amor*, define la alegría como el sentimiento de estar colmado de paz y de satisfacción. «Nos alegramos cuando vemos que los demás son felices, pero también nos alegramos de nuestro propio bienestar. ¿Cómo podemos alegrarnos por otra persona si no nos alegramos por nosotros mismos? La alegría es para todos. El amor verdadero siempre nos alegra y alegra a la persona que amamos. Si no produce alegría, no es verdadero amor.» La semilla de la alegría surge de la gratitud, de la esperanza y del amor. Con la alegría sientes que formas parte del flujo de la vida; te sientes conectado. Para la mayoría de las personas, la alegría supone sentimientos de placer, gozo, satisfacción y ganas de vivir.

Idealmente, la alegría debería ser una forma de vida no sólo algo que sucede esporádicamente cuando las circunstancias son perfectas. Martin Luther King Jr. lo sabía cuando dijo: «Si un hombre tiene la vocación de ser barrendero, deberá barrer como pintaba Miguel Ángel, como Beethoven componía música y como Shakespeare escribía sus obras». O dicho con otras palabras: «Poned el corazón en lo que hagáis» (Colosenses, 3:23).

El Buda dijo: «Estamos formados y moldeados por nuestros pensamientos. Aquellos cuyas mentes adoptan la forma de los pensamientos desinteresados transmiten alegría cuando hablan o actúan. La alegría les sigue como una sombra que nunca les abandona». Trata de recordar personas que has visto que encarnaran la alegría en su trabajo diario. Puede ser uno de los camareros o camareras de tu restaurante favorito o una persona que te sonríe en el metro. Los alumnos de mi universidad solían hablar de un hombre que trabajaba en un supermercado de la localidad. No importaba qué día fuera o qué tiempo hiciera, siempre estaba de buen humor, resplandeciente y alegre. Las personas hacían cola para que les pusiera su compra en las bolsas. La alegría era como su sombra. Asimismo, la gente muchas veces reflexiona sobre las cualidades que encarna el Dalái Lama: su sonrisa y su estado general de alegría. Todo el mundo se siente mejor cuando está cerca de él, pues se fija en las personas y conecta con ellas verdaderamente en un plano personal.

La alegría y la felicidad

Muchas veces las palabras alegría y felicidad se utilizan indistintamente. Según el Dalái Lama: «El propósito de nuestra vida es buscar la felicidad». Al principio puede parecer un poco narcisista o egoísta. Sin embargo, él cree que la fuente de esta felicidad procede de un sólido sentimiento de satisfacción que no depende de que consigamos aquello por lo que estamos luchando. La mayoría de las personas buscan la satisfacción esforzándose por conseguir todo lo que desean, incluido el cuerpo perfecto, una pareja, dinero, casa y coches. El Dalái Lama en *El arte de la felicidad,* pregunta: «¿Funciona esto?» Por el contrario prescribe un método mejor, «desear y apreciar lo que se tiene».

La alegría es una semilla esencial que hemos de regar en nosotros y en nuestras relaciones. Es imprescindible para profundizar en las relaciones y una de las principales razones por las que los demás querrán estar con nosotros. Una vez al mes hablo por teléfono con mi mejor amigo de la universidad. Durante casi una hora nos reímos, nos hacemos bromas, contamos chistes y nos ponemos al día de nuestras respectivas vidas; es un rato que siempre se caracteriza por el sentimiento de alegría. Irradiar alegría es especialmente fácil cuando las personas que tenemos cerca también la irradian.

En nuestro viaje de todos los días hay un sinfín de momentos, de oportunidades de sentir alegría. En mi paseo matinal por el parque, respiro profundo y miro las resplandecientes nubes de colores que cruzan por delante del sol de la mañana. Cuanto más consciente soy, más fácil es que experimente momentos de alegría en el camino. En el lenguaje de la semilla, cuanto más experimentemos cada cosa en nuestro cuerpo, a través de nuestros sentimientos, y más quede registrada en nuestra conciencia mental, más profundo se grabará y almacenará ese acontecimiento en nuestra conciencia, lo que nos ayudará a conservar ese sentimiento en el futuro. Cuando cada día reviso todo lo que me ha sucedido, me doy cuenta de lo fácil que es que nuestra tremenda prisa haga que nos perdamos momentos de alegría. Estos momentos, tanto si son largos como cortos, sólo se producen cuando hacemos una pausa y nos tranquilizamos.

«¿Acaso no soy un hombre? ¿Y un hombre no es estúpido? Yo
soy un hombre. Me casé. Esposa, hijos, casa, todo. La
catástrofe completa.»

Zorba el Griego

Como sucede con todas las semillas, hemos de regresar al momento presente para tener la experiencia de la «catástrofe completa» de la vida, como muy bien dice Zorba el Griego. La alegría es mucho más grande, necesaria e intensa cuando vivimos la vida plenamente; incluidas las preocupaciones y las penas que nos acompañan a todos. Como bien sabemos, apreciamos más la salud después de haber estado enfermos. Desde la perspectiva de la semilla, no podemos experimentar plenamente las semillas del amor si nos resistimos a las semillas del sufrimiento. Tara Brach, una maestra budista, dijo en una conferencia: «La alegría se manifiesta cuando aceptamos por igual el dolor y la belleza. Cuando hay una presencia en nosotros que se abre a la totalidad y a la verdad que incluye la vida: esa apertura es la alegría. Esto se consigue abriendo nuestro corazón y nuestra mente a la experiencia que nos está ofreciendo la vida en el presente, utilizando la plena consciencia como linterna, como lupa».

Prácticas para desarrollar la alegría

QUÉDATE UN POCO MÁS

Mira a tu alrededor y observa las cosas bellas que hay en tu vida. Experimenta un poco más las cosas positivas, ¡saborea el momento! Observa un poco más. Fíjate bien en el rostro de un niño, de tu pareja o de un amigo. Haz una verdadera pausa y contempla el magnífico atardecer o la luna llena. Recuerdo que cuando mi hijo y mi hija eran pequeños, en las noches de otoño los llevaba al pie de las colinas para ver la salida de la luna. ¿Recuerdas alguna ocasión en que te detuvieras a saborear un poco más el momento con un ser querido? Cuanto más experimentemos esos momentos de alegría en nuestra conciencia mental, más felices seremos y más los recordaremos.

Date cuenta de lo que está sucediendo en tu cuerpo, con tus sentimientos, pensamientos y percepciones, y recuerda que estás creando una maravillosa historia o formación mental que perdurará en tu memoria mucho después de que haya concluido el acontecimiento presente. Esto confirma el trabajo de Rick Hanson, un médico e investigador que en su libro *El cerebro de Buda*, plantea que nuestra mente tiene una tendencia a aferrarse a lo negativo. Cuando saboreamos y experimentamos cada momento, aunque sólo sea por unos segundos, mantenemos más tiempo viva esa experiencia en nuestra conciencia mental. Hanson nos aconseja: «Imagina o siente que ese sentimiento entra profundamente en tu mente y en tu cuerpo». De este modo, el sentimiento queda profundamente arraigado en tu conciencia almacén.

PRACTICA LA GRATITUD

Una de las mejores vías para lograr la alegría es la gratitud. Mira a tu alrededor y da las gracias por todo lo que tienes, evita preocuparte por lo que crees que necesitas para ser feliz. Mira a tu alrededor. ¿Por qué puedes dar gracias? Por tu salud, tu familia, amigos, vitalidad, alimentos y por tener una casa. Los momentos en que permites que la gratitud se asiente verdaderamente en tu conciencia son momentos que van acompañados de una gran alegría.

El último cumpleaños de mi esposa le regalé varios paquetes de semillas. En cada uno escribí el nombre de una semilla específica del amor que reconocía en ella. Puesto que cuando hace de voluntaria como payasa se llama «Margarita», le puse una nota sobre la felicidad que veo en ella en el paquete de las semillas de margarita. Cuando ese verano florecieron las margaritas seguimos sonriéndoles.

QUE AUMENTE TU FELICIDAD Y TU ALEGRÍA

El maestro Jack Kornfield aconseja que, como se hace en la práctica de la amorosa benevolencia o *metta*, visualicemos a algún ser querido viviendo un momento feliz y sintamos su bienestar. Entonces podemos repetir, como si fuera un mantra o una oración: «Que aumente tu felicidad y tu alegría». Seguimos concentrándonos en esa persona mientras le enviamos alegría a nuestro ser o seres queridos y a otras personas que la necesiten. Concentrarnos en la alegría y la felicidad, y preocuparnos por los demás riega esa semilla en nosotros y nos conecta con la alegría y la felicidad de la otra persona. Esto contrarresta cualquier tensión o preocupación que podamos estar sintiendo y las tendencias negativas que muchas veces tenemos.

> «*La alegría es oración. La alegría es fuerza. La alegría es amor. La alegría es una red de amor con la que puedes pescar almas.*»

MADRE TERESA

Mantras:

- Aporto alegría a todas las personas que conozco.
- Amplío mi visión y alargo cada momento para disfrutarlo con alegría.
- Encuentro alegría en la catástrofe completa del vivir.

11

La ecuanimidad

«Ecuanimidad significa desapego, no discriminar, uniformidad mental o soltar. Subes la montaña para poder ver la situación general desde su cima, sin obstáculos por ninguna parte.»

THICH NHAT HANH

¿Cómo sería tu vida si estuvieras totalmente enamorado de los demás y libre al mismo tiempo —libre para ser tú mismo— y que fueras capaz de aceptar los altibajos de la vida, sin quedarte atrapado en la idea de que las cosas han de ser de otra manera? Vivirías sin discriminación, sin barreras entre tú y los demás. Serías capaz de permanecer tranquilo y centrado, por lo tanto podrías controlar tus reacciones y estar receptivo para comprender a to-

das las partes. Serías independiente, capaz de valerte por ti mismo, sin embargo, no te sentirías separado de los demás. Desde esta ventajosa posición de la uniformidad mental, podrías ayudarte a ti mismo y ayudar a otros. Habrías aprendido a no apegarte y no te alterarían los demás, a pesar de que te trataran mal. Ésta es la semilla de la ecuanimidad.

Según Rick Hanson, en su libro *El cerebro de Buda*: «La palabra ecuanimidad tiene raíces latinas que significan "uniformidad" y "mente". Cuando hay ecuanimidad lo que entra en tu mente tiene espacio para alojarse, por lo tanto permaneces estable y no pierdes el equilibrio. Los antiguos circuitos del cerebro te impulsan a reaccionar de una forma u otra y la ecuanimidad es la que rompe esos circuitos». Igual que todas las semillas, la ecuanimidad no es sólo una palabra: es una práctica. Aprender a no dejarse llevar por las circunstancias de la vida es fundamental para comprender esta semilla. Mantener la ecuanimidad es la esencia de la práctica de la plena consciencia.

Inspirando, soy consciente del oleaje de mi vida.
Espirando, encuentro mi centro de paz en medio de las
   dificultades del momento.

Cuando pienso en las dificultades que han de afrontar las personas recuerdo a JR, el recluso del que he hablado antes en el capítulo 5. «Mi práctica es lo que me mantiene vivo», dice de su práctica de la meditación. Esto es cierto, literal y metafóricamente, puesto que convive con los reclusos más peligrosos de la prisión en la unidad de vigilancia intensiva. Reflexionando sobre el concepto de las semillas, ¿cómo debe ser vivir en un espacio confinado donde toda comunicación está siempre cargada de negatividad, donde se están regando el miedo, la ira, la ansiedad y los celos? Gracias a su práctica de la plena consciencia, JR ha aprendido a regresar al momento presente y a observar los incesantes insultos verbales en vez de reaccionar a los mismos.

JR tomó la poderosa decisión de refugiarse en el presente. Está aprendiendo a convertirse en un refugio de paz dentro de un círculo de violencia y peligro. Esta forma de ser está ilustrada en una historia que cuenta la maestra de meditación Tara Brach sobre el concepto de querencia, un lugar en la plaza de toros, una zona de confort, donde el toro se siente totalmente a salvo y seguro. El matador observa los patrones para determinar esta zona y usa sus percepciones para aprovecharse y atacar y matar al toro en lo que éste considera su refugio. El toro nos enseña que en los momentos de estrés todas las criaturas buscamos refugio intrínseca e instintivamente. Todos tenemos una zona segura y de poder en nuestro interior. Es un lugar de calma donde podemos hacer una parada, estar tranquilos y practicar la observación profunda. Con la plena consciencia descubrimos que, a pesar de las exigencias de la situación, no siempre es necesario reaccionar, puesto que de ese modo aumenta el estrés que ya encierra el conflicto en sí mismo.

Thich Nhat Hanh nos ofrece otra visión: «Nos desprendemos de todos los prejuicios y de toda discriminación, eliminamos las barreras entre nosotros y los demás. Aunque estemos muy involucrados en un conflicto, permanecemos imparciales y somos capaces de comprender y de amar a ambas partes». Con esta comprensión podemos ver a los demás como nuestros iguales, sin creernos superiores o inferiores. Ser capaces de ver a todas las personas con un amor incondicional las hace libres.

En las relaciones personales es esencial darse libertad mutuamente. Mi esposa y yo, en nuestros votos matrimoniales nos ofrecimos mutuamente libertad y apoyo para cultivar nuestros senderos espirituales. El mayor regalo que le podemos hacer a nuestra pareja y a nuestros seres queridos es invitarles a que sean ellos mismos, animarles a aprender, a arriesgarse y a traspasar las fronteras de las percepciones autoimpuestas. ¿Estamos dispuestos a dejar ir a nuestros hijos, a susurrarles como el ángel con la hoja de hierba «Crece, crece»? Thich Nhat Hanh plantea la pregunta: «Amado mío, ¿tienes suficiente espacio en tu corazón y a tu alrededor?» Si de verdad puedes responder afirmativamente, es evidente que gozas de auténtico amor en tu relación.

Prácticas para desarrollar la ecuanimidad

REFÚGIATE

Todos necesitamos un espacio interno personal de paz y seguridad, como los pájaros buscan refugio regresando siempre al lugar que conocen. Con la práctica de la plena consciencia, el primer refugio al que recurrimos es al momento presente. «He llegado, estoy en casa, en el aquí y el ahora, me siento firme, soy libre.» Cada respiración es una oportunidad para recopilar energía y regresar a nuestro verdadero «hogar», que está dentro de nosotros. Al dejar ir el pasado y el futuro puedo vivir en el presente, en el aquí y el ahora.

Con la práctica de la meditación de la plena consciencia descubrirás ese refugio dentro de ti al que podrás recurrir siempre que lo necesites. Mi refugio personal es simplemente volver a ser consciente de mi respiración y regresar al momento presente. Combino la respiración con un mantra: inspirando, soy consciente de que este momento es un regalo. Espirando, soy feliz en este momento. Crear prácticas de este tipo nos ayuda a ir creando una caja de herramientas de plena consciencia; estrategias que no dependerán de nadie, sino que se basarán en vivir la experiencia del momento. ¡La práctica es encontrar tu propio refugio! Reflexiona sobre las técnicas y conceptos que has leído en este libro y observa de qué modo te están aportando estrategias para que no pierdas tu centro cuando se presenten dificultades en tu viaje por la vida.

TRANSFORMA LA ENERGÍA DEL HÁBITO

Nuestra tendencia a reaccionar automáticamente cuando nos enfrentamos con personas conflictivas y situaciones estresantes crea la «energía del hábito». Normalmente, estamos condicionados y nos blindamos para responder de manera automática, en vez de adoptar la actitud del testigo. Muchas veces, nuestra respuesta puede echar más leña al fuego y generar más hostilidad. ¿Eres consciente de tu respuesta a la indiferencia, a los insultos y a la ira de los demás?

Recuerdo cuando mis amigos o familiares me contaban algunos de sus problemas. Mi «energía del hábito» típica era intentar arreglarles las cosas, en vez de limitarme a estar presente. Aunque esto pueda funcionar para los problemas caseros, me he dado cuenta de que con las personas de fuera de casa, es mejor escuchar y observar, en vez de reaccionar intentando solucionar lo que necesitan resolver en sus vidas.

DESHACERSE DE LOS APEGOS

Uno de mis dichos favoritos es: «Los apegos son la causa de todo sufrimiento». Los apegos típicos son nuestra identificación con nuestra imagen corporal, con las personas, con nuestra profesión, con los bienes materiales, con nuestros pensamientos, con nuestros sentimientos y con todo lo que hace que nos formemos una idea fija de cómo son las cosas y cómo deberían ser. Si estoy apegado a cómo quiero que sea otra persona, sufriré yo y sufrirá ella. Si estoy apegado al resultado de alguna situación, sufriré si no se produce tal como espero. Si estoy apegado a tener razón, sufriré si resulta que estaba equivocado. La naturaleza ilustra la filosofía de que nada es permanente, que siempre estamos sujetos al cambio. Los jardineros saben que a pesar de las preferencias estacionales, un jardín necesita varios factores para florecer. Con la metáfora del jardín comprendemos que apegarnos a una flor, a una estación o incluso a un sentimiento es irracional.

Aferrarse a algo con demasiada fuerza puede resultarnos muy caro. Es como la historia clásica de la trampa para cazar monos, de la cual existen varias versiones. En la versión del sudeste asiático, los cazadores cazan a los monos con cocos, los perforan, sacan su contenido y ponen un caramelo en su interior. Cuando el mono encuentra el coco, mete la mano para coger la deliciosa recompensa. Al agarrarla cierra el puño con fuerza para que no se le caiga. Pero como no quiere soltar su recompensa, tampoco puede sacar la mano y se queda atrapado, de este modo el mono es una presa fácil para el cazador. ¿Qué estás agarrando o a qué te estás aferrando?

«Si aflojas un poco, tendrás un poco de paz. Si aflojas más, tendrás más paz. Si aflojas por completo, pase lo que pase, tu corazón se habrá liberado.»

AJAHN CHAH (en *La sabiduría del corazón: una guía a las enseñanzas universales de la psicología budista,* de Jack Kornfield)

Mantras:

- Cuando me encuentro en una situación difícil, respiro y regreso a mi centro de paz.
- Al renunciar a mi afán de controlar, me paro y veo claramente ambas partes.
- Dejo de controlar para que los demás sean libres.

CUARTA PARTE

Las semillas que hacen que todos los jardines florezcan

«Los corazones bondadosos son los jardines,
los pensamientos bondadosos son las raíces,
las palabras bondadosas son las flores,
las obras bondadosas son los frutos.
Cuida tu jardín, no dejes que crezcan malas hierbas,
inúndalo de luz solar, de palabras amables y de obras amables.»

HENRY WADSWORTH LONGFELLOW

Las relaciones, como los jardines, necesitan alimento. Concretamente, hay cuatro semillas que favorecen la profundidad y la calidad de la comprensión y confianza en todas tus relaciones: escucha atenta, habla amorosa, la gratitud y la generosidad. Son el pilar de una comunicación amable, el campo de nuestra conexión y el lenguaje del corazón. Son el medio para expresar la amorosa benevolencia, la compasión, la alegría y la ecuanimidad. La comunicación amable nos ayuda a comprender los conflictos y despierta en nosotros el deseo de resolverlos y de encontrar la paz interior. Si se convierte en el pilar de nuestra forma de relacionarnos habitualmente, se convierte también en un camino que acelera nuestro viaje hacia la totalidad.

Partiendo de esta comprensión desarrollarás formas competentes de compartir la gratitud y la generosidad. Al inspirar experimentamos la belleza de la vida con gratitud. Al espirar, nos damos cuenta de que tenemos suficiente y que podemos demostrar nuestro amor y compasión a través de la generosidad. Estas cualidades revelan un sinfín de formas de «susurrar» ¡te quiero!

12

La escucha atenta

«Tenemos dos orejas y una boca, para escuchar el doble de lo que hablamos.»

EPÍTETO

¿Cuántas veces estás con alguien, pero no estás realmente presente? ¿Cuántas veces has compartido algo muy íntimo con alguien, pero has sentido que no te ha escuchado? Nuestra sociedad está plagada de padres y madres que no están por sus hijos y compañeros de trabajo que están más interesados en lo que hay en su pantalla de ordenador o en su teléfono que en atender al cliente que entra en su oficina. Con la facilidad actual para estar conectados durante veinticuatro horas  los siete días de la semana, muchas veces estamos tan ocupados revisando nuestras redes sociales que nos perdemos las conexiones más valiosas, las que tenemos delante de nosotros: la conexión con nosotros mismos y con los demás. Gracias a la tecnología, estamos más conectados con el resto del mundo, pero al mismo tiempo también más aislados. Las conocidas energías del hábito de la «enfermedad de la prisa», la necesidad de juzgar o de resolver los problemas o la necesidad de defender nuestro punto de vista impiden que estemos presentes cuando estamos con otra persona. En este capítulo descubriremos la práctica de escuchar atentamente, para aliviar el sufrimiento de otro y para fomentar la comprensión, que es la naturaleza del amor verdadero.

Escuchar atentamente abarca algo más que el mero hecho de estar atento a lo que está diciendo alguien. Tiene implicaciones mucho más amplias en lo que respecta al grado de atención que podremos prestar a la otra persona con nuestra presencia. También se conoce como «escuchar con compasión», «escuchar con generosidad», «escuchar por debajo del ruido», «escuchar con la tercera oreja», que equivale a decir que estamos implicados, pero de una manera receptiva e imparcial. No estamos escuchando para poder aprovechar cualquier oportunidad de hacer un inciso y manifestar nuestra opinión o visión. Escuchamos de una forma que ayuda a la otra persona a comprenderse mejor a sí misma, ofreciéndole la libertad de expresarse abiertamente. Nos concentramos por completo en ella y no hace falta nada más que escuchar con silencio compasivo y prestar toda nuestra atención. Quizá la mejor forma de describir esto sea decir que se trata de escuchar desde el corazón.

Recordemos la figura budista de Avalokiteshvara o Kwan Yin del capítulo 9. Representa la capacidad que tenemos todos de escuchar el sufrimiento con compasión y atención. Ella nos recuerda que estas cualidades o semillas están dentro de nosotros. Cuando me pongo a recordar, me doy cuenta de que las personas que más han influido en mí han sido las que me apoyaron incondicionalmente y me escucharon con el corazón abierto. Dejaron a un lado cualquier otro compromiso para permitir que yo expresara mis pensamientos y sentimientos en aquel momento: positivos o negativos. Esas personas se presentaron en mi vida como terapeutas, familiares y amigos. Su escucha generosa fue de suma importancia para ayudarme a aliviar mi sufrimiento en aquellos momentos. Mi mayor aspiración sigue siendo tener mi corazón, mente y manos abiertas para aliviar el sufrimiento simplemente escuchando con atención.

Barreras en la comunicación

Rebecca Shafir, en su libro *El arte de escuchar*, nos dice que todos tenemos «barreras de comunicación» que limitan nuestra capacidad para escuchar. Estas barreras incluyen el entorno (como el ruido de fondo), origen racial, edad, aspecto y condición social, todo ello puede crear un desequilibrio antes de que se inicie la comunicación. Nuestros prejuicios y tendencias pueden influir en nuestra capacidad para estar con una persona que nos parezca diferente. Muchas veces nuestra agenda y nuestro deseo de conseguir un resultado específico limitan nuestra capacidad para escuchar realmente lo que nos quiere decir esa persona. Y una de las mayores barreras para estar atentos es la conversación negativa que mantenemos con nosotros mismos, que con frecuencia distorsiona el verdadero mensaje.

Los niños son ejemplos maravillosos de cómo escuchar sin barreras o prejuicios. Una de mis historias favoritas es la de un joven que solía visitar a un vecino anciano que se había quedado viudo. Un día su madre recibió una grata sorpresa al enterarse de que su querido vecino había nominado a su hijo para que una organización de la localidad le concediera un premio a la compasión. Los padres asistieron a la ceremonia y vieron con agrado cómo su hijo recibía uno de los premios. Al llegar a casa la madre le dijo a su hijo: «¡Estoy muy orgullosa de ti! ¿Qué le dijiste a tu vecino que tanto le ayudó?» El joven respondió: «Oh, mamá, no le dije mucho. Lo único que hice fue escucharle llorar».

La presencia: la clave para escuchar atentamente

La presencia se puede describir como el sentimiento de que nadie es más importante que la persona con la que estás en ese momento. Es el don de la atención unidireccional. Cuando alguien realmente está por ti, lo demuestra a través de su lenguaje corporal y de otras conductas que nos dicen que no sólo está con nosotros físicamente, sino también en mente y espíritu.

Sabemos que estamos escuchando o que nos están escuchando cuando lo ratifica el lenguaje corporal, la comprensión de las palabras, la conexión con los sentimientos que se están transmitiendo y una comprensión profunda de los valores que salen a luz en el momento de compartir. El mensaje que queremos transmitir con nuestro cuerpo es el de «estoy aquí por ti». Entonces nuestra labor consiste simplemente en escuchar lo que nos están diciendo —las palabras— así como lo que no se dice —los sentimientos subyacentes—, eso nos acerca a la otra persona y nos ayuda a comprenderla. Cuando era profesor en la universidad, mis alumnos venían a mi oficina a entregarme sus trabajos o para hablar de algún tema que habíamos dado en clase. Sin embargo, muchas veces su lenguaje corporal expresaba que había otra razón por la que habían venido a verme. Cuando me parecía que era el momento adecuado, les miraba a los ojos y les preguntaba: «¿Qué te pasa?» Unas veces el alumno o alumna se echaba a llorar. Otras, se sentaba silenciosamente, agradecido por tener la oportunidad de hablar de su historia o dilema personal. Cuando ponía en práctica la escucha atenta, mis alumnos salían consolados de mi despacho y —lo más importante— sintiendo que les habían escuchado. En la analogía de la semilla, diríamos que de ese modo tuvieron la oportunidad de conectar con semillas más profundas, como la ira y el miedo, liberándolas para circular entre la mente y la conciencia almacén. En esos momentos de coherencia podían ser ellos mismos.

Comprensión: el objetivo de escuchar atentamente

El primer objetivo de escuchar atentamente es ser capaces de comprender a la otra persona. Cuando escuchamos, no es para imponer nuestras ideas o resolver un problema. Lo más habitual es que nuestras historias personales o formaciones mentales interfieran en nuestras interacciones. Hay momentos en que nuestras ideas preconcebidas pueden limitar nuestra visión de la otra persona y destruir la posibilidad de acercarnos emocionalmente en esa relación. En mi caso, siento la necesidad de intentar resolver el problema que me están planteando haciendo sugerencias que me parecen adecuadas para el caso. Al hacer esto, muchas veces pierdo la oportunidad de comprender el viaje que está realizando la otra persona, de ver cómo es esa persona en realidad y de aprender de ese momento en que nos estamos comunicando.

A veces tenemos que escuchar a una persona que está padeciendo un gran dolor o una profunda tristeza. Puede sentir rabia ante una situación injusta o estar muy apenada por las circunstancias. En esos momentos es tentador intentar suavizar o calmar sus sentimientos para sentirnos mejor nosotros. Sin embargo, el arte de escuchar atentamente —junto con la capacidad para ser ecuánimes— puede ser el mayor regalo que le hagamos a una persona en su camino hacia la curación. Respirar profundo, escuchar con el corazón abierto y adoptar una actitud imparcial forma parte del proceso de regar las semillas de la amorosa benevolencia y de la compasión, al contrario que el miedo y la negatividad.

«El primer deber del amor es escuchar.»

Paul Tillich

Práctica:

ESCÚCHATE A TI MISMO

La plena consciencia nos permite explorar los senderos que nos conducen al momento presente. Recordamos que nuestro cuerpo, sentimientos, percepciones, formaciones mentales y conciencia siempre nos están ofreciendo información sobre nosotros mismos. Si somos capaces de escucharnos, estaremos creando las condiciones perfectas para escuchar a los demás. ¿Qué está diciendo mi cuerpo? ¿Qué estoy sintiendo? ¿Cómo influye esto en mi conciencia?

TÓMATE UN RESPIRO

Tomarse un respiro es una práctica muy importante para permanecer en el presente. Supone no estar atrapado en el pasado o estar pendiente del futuro. Cuando reconoces a la persona que tienes delante y estás totalmente concentrado en ella, significa que has hecho una pausa. Una de las formas de facilitar este proceso es respirar conscientemente unas cuantas veces y volver a tu centro. No es necesario que anuncies lo que estás haciendo. Empieza a concentrarte lentamente en el momento y la otra persona pronto notará tu estado de serenidad.

RELÁJATE PARA SILENCIAR TU MENTE

Muchas personas que realizan prácticas espirituales dicen que la capacidad de calmar la mente es un indicativo de nuestro crecimiento personal en el camino espiritual. En la práctica de la meditación clásica, la mente se tranquiliza cuando se concentra en la respiración o en un mantra, como «Estoy aquí por ti». Hemos aprendido que la repetición de un mantra nos ayuda a mantener nuestra atención. Refuerza la conducta deseada. Cuando estamos con otra persona le permitimos que se convierta en nuestro centro de atención y en un medio para tranquilizarnos: la persona se convierte en el mantra, por así decirlo. La mente se tranquiliza espontáneamente, sobre todo cuando coordinamos la repetición con nuestra respiración natural.

OBSERVACIÓN PROFUNDA

La observación profunda es una forma más intensa de conectar con uno mismo y con los demás. Esto nos devuelve al concepto de «Interser»: el estado de paz y de presencia donde podemos ver la conexión entre los otros y nosotros mismos. En este estado de conciencia nos damos cuenta de que no estamos separados de los demás. Los sentimientos de otra persona se convierten en los nuestros y experimentamos la compasión. La Madre Teresa dijo: «Si no tenemos paz es porque hemos olvidado que nos pertenecemos mutuamente». Esta conexión es la relación más íntima que podemos tener y crea las condiciones necesarias para desarrollar la compasión.

ESCUCHAR CON COMPASIÓN

Nuestro principal propósito al escuchar es aliviar el sufrimiento de los demás. Escuchar con compasión es una de las mejores formas de aliviar el sufrimiento.

ESCUCHAR SIN JUZGAR

Aprender a escuchar sin juzgar, sin estar a la defensiva, sin discutir o sin interrumpir. Si podemos tener paciencia y escuchar a otra persona, ésta se sentirá escuchada y eso aliviará gran parte de su sufrimiento. La aceptación y la fe sin juzgar es el otro factor clave. Si estamos pendientes de defendernos, de ganar o de ejercer nuestra supremacía de algún otro modo, no hay espacio para escuchar a la otra persona.

Mantras:

- Estoy aquí por ti.
- Escucho atentamente para comprender.
- Escucho para aliviar el sufrimiento.
- En este momento, eres la persona más importante de mi vida.

«Creo que la forma más básica y poderosa de conectar con otra persona es escucharla. Simplemente escucharla. Quizá lo más importante que podemos dar a otra persona en la vida sea nuestra atención. Y especialmente, si la damos desde el corazón. Cuando las personas hablan, no es necesario que hagamos nada simplemente recibirlas.»

RACHEL NAOMI REMEN

13

El habla amorosa

«Las palabras pueden recorrer miles de kilómetros. Que las palabras creen comprensión mutua y amor. Que sean hermosas como gemas, adorables como flores.»

THICH NHAT HANH

El mes pasado vi cómo una madre regañaba furiosamente a su hijo en un supermercado cuando éste iba a tocar una de esas múltiples cosas vistosas que los niños suelen ver en estos sitios. Observé el rostro del niño y vi que su energía se iba reduciendo a medida que las semillas del miedo, la rabia y la frustración eran regadas ante mis propios ojos. Las palabras tienen poder. Se pueden utilizar con plena consciencia y con responsabilidad para inspirar, motivar, crear, curar, guiar y ayudar. También pueden herir, insultar, dividir, atacar, mentir, cotillear, juzgar y desvalorizar.

El Buda dijo una vez: «Una persona nace con un hacha en su boca. Aquel que no habla

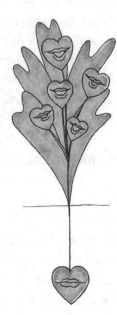

con integridad se está cortando a sí mismo con el hacha». Su filo nos hiere a nosotros, pues lo que decimos de los demás suele ser cierto de nosotros. Lo que decimos refleja las semillas que se han regado o descuidado dentro de nosotros.

Una tribu en África mantiene la creencia de que el día en que una mujer engendra el pensamiento de tener un hijo, ésa es la fecha de su nacimiento. Cuando ésta es consciente de su intención de concebir, se va debajo de un árbol donde espera escuchar la canción del bebé que tiene la esperanza de engendrar. Después del nacimiento, todos los aldeanos aprenden la canción del nuevo miembro y se la cantan cuando se cae o se hace daño. Se la cantan en los momentos de triunfo, en los rituales o en las iniciaciones. La canción se convierte en parte de la ceremonia nupcial cuando el niño o niña se hace adulto o adulta y, al final de su vida, sus seres queridos se reunirán junto a esa persona en su lecho de muerte y le cantarán su canción por última vez. ¡Qué maravillosa forma de transmitir amor a un niño o a cualquier persona! ¿Qué te parecería ser así de consciente cuando hablas? ¿Cómo cambiarían nuestros seres queridos si la semilla del habla amorosa se convirtiera en nuestra canción, en mensajes transmitidos con atención, aprecio y afecto? Nosotros hemos colgado una placa en la pared que pone: «Mi amado conoce mi canción y me la canta cuando la olvido».

Fundamentos para el habla amorosa

En el budismo clásico, el habla amorosa se denomina habla correcta y forma parte de lo que se conoce como el Óctuple Sendero. Al practicar el habla correcta, uno evita mentir, exagerar, hacer falsas promesas —o sea, decirle una cosa a una persona y lo contrario a otra— y el lenguaje sucio que insulta u ofende. La Biblia con su «No darás falso testimonio sobre tu prójimo», y el hermoso refrán cuáquero «Habla sólo si puedes mejorar el silencio» nos recuerdan la importancia de saber elegir bien las palabras.

El habla amorosa es hablar desde el corazón

El habla amorosa implica escuchar con atención, tener tiempo para estar sin hacer nada y en silencio el tiempo suficiente como para escuchar lo que sucede en nuestra mente y en nuestro corazón, a fin de estar más preparados para ser conscientes cuando respondemos a los demás. Normalmente, lo hacemos desde la cabeza, en vez de hacerlo desde el corazón. Es bastante habitual estar pensando y planeando lo que vamos a decir cuando los demás todavía están hablando; esto es una señal de que estamos a punto de hablar desde la cabeza. En otras ocasiones, la necesidad de querer tener razón interfiere en la comunicación con el corazón. ¿Quieres tener razón o quieres ser feliz? Hoy me interesa más la comunicación que se entabla desde el corazón; concentrarme en los sentimientos y en la felicidad, en vez de hacerlo en la rectitud o en querer ser superior. Esto son los pilares de la proximidad emocional y un medio para desarrollar una conexión más profunda con los demás.

> «*Ningún hombre debería hablar de un modo con sus labios y pensar de otro con su corazón.*»
>
> El Talmud

Riega la semilla del habla amorosa

Una guía útil para favorecer el habla amorosa es reflexionar sobre lo que se denominan «Los cuatro entrenamientos de la plena consciencia», creados por Thich Nhat Hanh: «Sabiendo que las palabras pueden crear felicidad o sufrimiento, me comprometo a decir la verdad usando palabras que inspiren confianza, alegría y esperanza».

Cada vez que estés a punto de comunicarte, haz una pausa conscientemente y piensa en el efecto que puede tener el mensaje que estás a punto de transmitir. ¿Inspira confianza, alegría y esperanza? ¿O aumenta el sufrimiento en ti y en los demás? Un amigo que responde a tu enfermedad con «Te envío luz y energía», en vez de «¿Por qué no te has cuidado más?» está regando las semillas de la amorosa benevolencia en ti a través del habla amorosa.

Podemos fomentar esta cualidad estando receptivos a las ideas y experiencias ajenas. ¡Todo el mundo tiene alguna historia que contar! La mayoría de las personas desean compartir su viaje por la vida con los demás. Una buena forma de hacer saber a la otra persona que la has estado escuchando es utilizar la escucha reflexiva. Es el proceso de parafrasear, con tus propias palabras, lo que acaba de decir la otra persona. Consta de dos pasos básicos: intentar comprender la idea del que habla y luego repetir esa idea para que el transmisor confirme que lo has entendido correctamente. Por ejemplo, si alguien te cuenta su experiencia de pérdida, puedes responderle: «Parece que hoy te duele el corazón». Esta práctica significa que hemos entablado un diálogo, en lugar de una conversación paralela formada por los fragmentos sonoros de los pensamientos de cada individuo.

La fase siguiente del habla amorosa es trascender las palabras y observar atentamente su contenido. El trabajo de la Comunicación No-Violenta (CNV) de Marshall Rosenburg es una guía estupenda para observar y escuchar aquello que influye en nuestro bienestar. El modelo CNV propone que hay sentimientos y necesidades en todos los tipos de comunicación. Simplificando, cuando tenemos energía, estamos alegres y nos sentimos realizados e inspirados, se satisfacen nuestras necesidades físicas, emocionales y espirituales. Por el contrario, cuando estamos enfadados, angustiados, tristes e irritables, no se satisfacen nuestras necesidades. Al conectar nuestros sentimientos con nuestras necesidades, nuestra forma de comunicarnos será más profunda. Pues al ser conscientes de esta conexión, captamos la esencia de lo que se está diciendo y la compasión surgirá espontáneamente.

Si somos conscientes del efecto que pueden tener las palabras para aliviar el sufrimiento e inspirar esperanza, o para crear más sufrimiento, nos será más fácil practicar el habla amorosa. Cuando conocemos el poder que tienen nuestras palabras, es importante que tengamos en cuenta la repercusión de lo que decimos. ¿Regarán nuestras palabras las semillas de la alegría, la compasión y la ecuanimidad? ¿Abonará lo que voy a decir las semillas de la ira, del miedo o de los celos? Cuando no estoy tranquilo y en calma, mis palabras serán más ásperas e hirientes. Cuando soy consciente y observo lo que digo, mis palabras reflejan lo que estoy pensando, puedo hacer una pausa y reconocer la energía de mi viejo hábito. Cuando estoy sosegado y receptivo, mis palabras invitarán a la receptividad y regarán las semillas positivas en otras personas.

Práctica:

ESCUCHAR CON LA MENTE Y EL CORAZÓN ABIERTOS
Concentrarnos en lo que está diciendo la otra persona es más importante que dar nuestra opinión o consejo. Es una forma de honrarles como personas y de concederles tiempo para compartir su historia. La escucha atenta siempre precede al habla amorosa.

CREAR ESPACIO DENTRO DEL DIÁLOGO
Hacer una pausa entre los comentarios acompañada de una respiración consciente es una práctica maravillosa. La necesidad de hablar

nos condiciona a responder automáticamente y con urgencia a lo
que se está diciendo. Con una pausa y una respiración, puede que
nos demos cuenta de que lo que parecía urgente hace un momento
ya no lo es tanto.

EVITA CONVERSAR CUANDO ESTÉS ENFADADO

En general, la ira aumenta cuando conversamos, especialmente si
ambas partes están intentando defender sus puntos de vista y sienten la necesidad de tener razón. Si los sentimientos son inestables,
haz una pausa y vuelve a ser consciente de tu respiración. Haz una
respiración más para tranquilizarte e interrumpe la conversación.
Sé consciente de lo que estás sintiendo en ese momento. Si sientes
mucha rabia, pide con cortesía si podéis reanudar la conversación
en otra ocasión cuando los dos estéis calmados y relajados. Idealmente, ambos os habréis tranquilizado y habréis analizado el origen
de vuestra rabia y del conflicto. Continuar en esta situación sólo
serviría para crear más sentimientos desagradables y regar las semillas negativas.

TEN EN CUENTA LAS PREGUNTAS SIGUIENTES CUANDO COMPARTAS ALGO

El maestro del dharma Gil Fronsdal aconseja que nos hagamos las
siguientes preguntas antes de hablar: ¿Es cierto? ¿Es cordial? ¿Es
útil? ¿Es oportuno? Y ¿nos ayuda a conectarnos?

SÉ CUIDADOSO CON LOS MEDIOS DE COMUNICACIÓN ELECTRÓNICOS

Cada día recibimos literalmente cientos de bytes de información
sonora, desde unas pocas palabras hasta complejas cartas electróni-
cas. Lo normal es responder al momento, pero eso suele ser una
fuente de sufrimiento. Respira profundo y contesta conscientemente, quizá puedas responder otro día.

Mantras:

- No divulgaré noticias que no tenga la seguridad de que son ciertas, ni criticaré o condenaré cosas de las que no estoy seguro.
- Hablaré desde el corazón cuando sea cierto y cuando sea el momento.
- Me comprometo a decir la verdad con palabras que inspiren confianza en uno mismo, alegría y esperanza.

«Las palabras amables pueden ser cortas y fáciles de pronunciar, pero su eco es infinito.»

MADRE TERESA

14

La gratitud

«Gracias por todo. No tengo quejas.»

PALABRAS DE UNA MONJA BUDISTA

En el libro *El refugio secreto*, de Corrie ten Boom, la autora narra su experiencia en el campo de concentración de Ravensbruck durante la Segunda Guerra Mundial. Ella y su hermana Betsy fueron arrestadas por ayudar a judíos holandeses a escapar de los nazis. Cada noche, tras un largo y horroroso día de trabajos forzados, las hermanas dirigían un grupo de oración en medio de la suciedad y el horror del campo. Cada día hacían una lista de las cosas por las que podían dar gracias ese día. Una noche, Corrie se quedó atónita cuando su hermana dio gracias por las moscas. «¡Pero, Corrie, en la Biblia dice que  hemos de dar gracias por todas las cosas!» ¡Más tarde se enteró de que la única razón por la que los pervertidos guardias no iban a sus barracones a acosarlas y maltratarlas era porque temían a las moscas!

La gratitud es un estado mental y una forma de vivir. Nos ayuda a estar presentes en todas las circunstancias de la vida; especialmente en nuestras relaciones. Entre las cualidades que se asocian a la gratitud, están el aprecio, el agradecimiento y la generosidad. La práctica de la gratitud nos incita a ser conscientes de las maravillas de la vida, y como consecuencia, podemos ser felices en el momento presente. Expresar gratitud nos exige que estemos verdaderamente presentes. Ser conscientes de las cosas por las que estamos agradecidos es una «campana de plena consciencia», una oportunidad para «despertar» en nuestras interacciones a lo largo del día. En este estado de conciencia instintivamente buscamos los aspectos positivos de todas nuestras conexiones.

Una especie cuya presencia, ausencia o relativo bienestar, en un medio ambiente en concreto, nos indica la salud de su ecosistema en general, se conoce como «especie indicadora». La gratitud se puede comparar con ese concepto; cuando está presente es un indicativo de la salud y del bienestar de la persona y de su comunidad. Estar agradecido es ser consciente: hacer una pausa, relajarse y practicar la observación profunda el tiempo suficiente para ser capaces de reconocer lo que tenemos delante de nosotros en todo momento. Con la gratitud, también se abonan las semillas de la plena consciencia, de la amorosa benevolencia, de la alegría y de la generosidad porque todas las semillas del jardín de nuestra conciencia están interrelacionadas. Por ejemplo, cuando practicamos la semilla del habla amorosa, también solemos expresar gratitud. Cuando practicamos la semilla de escuchar atentamente, también podemos regar la semilla de la compasión. Resumiendo, todas las semillas de nuestra conciencia «inter-son».

Generar gratitud

Para generar gratitud, empezamos por reconocer que debemos nuestra forma de vida a muchas otras personas que se sacrificaron para que nosotros pudiéramos estar hoy aquí. Para darnos cuenta de la tierna sonrisa o la gran presencia de un amigo, hemos de conectar con el espacio de su corazón, que a su vez implica la capacidad de estar presentes el tiempo suficiente como para recibir estos regalos. Para dar gracias por los alimentos que comemos, hemos de pensar en todas las manos que han intervenido para producirlos, así como en el sol, la lluvia y otros factores climatológicos. Esto significa aplicar la observación profunda para descubrir el origen de este regalo del sustento. ¿Cuántas personas han intervenido para que llegáramos adonde estamos hoy? ¿A cuántas personas les debemos lo que somos? ¿Cuántas personas han regado las semillas que hay dentro de nosotros para ayudarnos a ser quienes somos hoy?

> *«Demos gracias a las personas que nos hacen felices; son los adorables jardineros que hacen florecer nuestras almas.»*
>
> Marcel Proust

El hermano David-Steindl Rast, monje benedictino y defensor de la gratitud como práctica espiritual, dice: «Cuando expreso mi gratitud, soy más consciente de la misma. Cuanto más consciente soy de ella, más grande es mi necesidad de expresarla». Nos está diciendo claramente que cuanto más reguemos esta semilla, más nos nutriremos con ella y más agradecimiento sentiremos.

La impermanencia de la vida también nos inspira gratitud. La mortalidad forma parte de la condición humana. Todos enfermamos, envejecemos y morimos. Puesto que no podemos huir de esta realidad, nos sirve para dirigir nuestra atención a las bendiciones que colman nuestra vida y para regar las semillas que éstas engendran. Por ejemplo, muchas veces la muerte de un ser querido nos recuerda el valor que tiene la vida, la importancia de vivir el presente y la necesidad de dar gracias por nuestras bendiciones. ¡Eso es todo! Es el momento de dar las gracias por ser como somos y por lo que tenemos, y de vivir de manera que nuestro legado sea amorosa benevolencia.

La verdadera gratitud también nos incita a dar gracias por todas las oportunidades que nos brinda la vida, incluso las dolorosas o desagradables. Éstas suelen ser las que más nos han enseñado acerca de nosotros mismos, de nuestra fortaleza, resistencia y valor. La mayoría de las personas dan gracias cuando las cosas les van bien. Lo difícil es ver lo bueno, la sabiduría y la gracia en las experiencias más dolorosas de nuestra vida.

Hace varios años tuve el privilegio de viajar a China con Thich Nhat Hanh y una delegación occidental para visitar templos budistas. Regresar al origen de la práctica Chan (zen original) y visitar los templos donde se inició el zen fue una experiencia inolvidable. Normalmente, nos quedábamos tres o cuatro días en cada uno de los templos que visitábamos para experimentar las hermosas prácticas y enseñanzas primitivas. Sin embargo, desde una perspectiva occidental, hubo momentos en que las condiciones de vida eran bastante precarias. Al cabo de unos días, las quejas llegaron a Thich Nhat Hanh y durante una de sus charlas sobre el dharma dijo: «Si no sentís agradecimiento, estáis sufriendo». Desde ese viaje he utilizado esa frase como mantra y para cambiar de melodía cuando me concentro en el sufrimiento.

Muchas veces al preocuparnos por cosas que no podemos cambiar, perdemos oportunidades para apreciar las bendiciones que tenemos. El escritor y poeta John O'Donohue, en su libro *Beauty,* afirma que cuando estamos en ese estado mental nos perdemos los «momentos luminosos de nuestra vida» y nos insta a que nos concentremos en la belleza que nos está ofreciendo continuamente: la luna llena después de varios días de cielos nublados, la sonrisa en el rostro de un ser querido, el rocío de la mañana en la hierba, la música de la risa, el calor del sol sobre nuestro cuerpo. Simplemente, concentrando nuestra atención en lo que es hermoso, es fácil regar selectivamente la semilla de la gratitud dondequiera que vayamos.

> *«En los momentos difíciles siempre deberíamos tener algo hermoso en la mente.»*
>
> BLAISE PASCAL

Es esencial que seamos conscientes para poder desarrollar la semilla de la gratitud. Detenernos a apreciar cada respiración —cada momento— riega las semillas de la plena consciencia y de la gratitud. Si no soy consciente de la vida, ésta pasará de largo mientras yo estoy ocupado en mis asuntos. A la verdadera gratitud le gustan las cosas tal como son y poder decir: «Gracias, no tengo quejas».

Inspirando, doy gracias por este momento.
Espirando, sonrío.

Práctica:

AUDITORÍA DE SEMILLAS

¡Qué afortunados somos de estar vivos! En lugar de concentrarte en lo que no va bien, reflexiona un poco cada día sobre todas aquellas personas que han contribuido a que tú estés vivo. ¿A quién debes lo que eres? ¿Qué semillas regaron que te han conducido hasta donde te encuentras ahora? ¿Quiénes fueron los principales jardineros? ¿Les has demostrado recientemente tu gratitud a esas personas? Ahora es el momento, si no lo es ahora, ¿cuándo? Cuando estés preparado, envía gratitud a las personas que han regado semillas negativas. ¿Cómo te han ayudado a crecer y a cambiar?

LA GRATITUD NOS MANTIENE AL DÍA

Cuando somos realmente conscientes, no podemos evitar ser agradecidos. Al final del día, reflexiona sobre todas las cosas por las que estás agradecido para mantener más tiempo viva la semilla de la gratitud en tu conciencia mental y así desarrollar unas buenas raíces en la conciencia almacén.

ENUMERA TUS BENDICIONES

En la tradición judía, en los tiempos del rey David hubo una epidemia que cada día acababa con la vida de casi cien personas. Los sabios aconsejaron que para orar y demostrar su gratitud, el pueblo pensara en sus bendiciones y reflexionara sobre cien de ellas cada día. Ésta es una gran práctica para los tiempos en que vivimos. Siéntate en silencio por la noche a recordar todas las bendiciones del día. Al principio puede que te resulte difícil, porque la mayoría no dedicamos el tiempo suficiente a reflexionar sobre el millar de pequeñas bendiciones que han formado parte de nuestro día. Hacer esta práctica antes de acostarnos prepara nuestro corazón para buscar más bendiciones al día siguiente. En la metáfora de la semilla, esto sería «regar a fondo».

Otras prácticas para regar la semilla de la gratitud son:

- Repetir una oración antes de comer. ¿Cuántas manos han intervenido para que estos alimentos lleguen a mi mesa?
- Escribir una nota a alguien que haya influido en tu vida en el pasado o recientemente.
- Dar un paseo caminando lenta y conscientemente y pensar en las personas a las que estás agradecido. Cada paso que das lo

acompañas con la respiración y con tu agradecimiento a cada una de esas personas.

Mantras:

- Soy feliz y estoy agradecido por... (rellena el espacio en blanco y repítelo siempre que te acuerdes).
- Valora todas las cosas, grandes o pequeñas, positivas o negativas.
- Estoy agradecido por tu presencia en mi vida.
- Estoy agradecido por mi bienestar y por el tuyo.

«Bendices la mesa antes de comer. Muy bien. Pero yo digo una bendición antes del concierto y de la ópera, y una bendición antes de la obra de teatro y de la pantomima, y una bendición antes de abrir un libro, y una bendición antes de hacer un dibujo, de pintar, de nadar, de practicar esgrima, de boxear, de caminar, de jugar, de bailar y una bendición antes de mojar la pluma en el tintero.»

G. K. CHESTERTON

15

La generosidad

«Los jardineros son famosos por su generosidad. Si somos hábiles nuestros jardines siempre serán exuberantes.»

GERI LARKIN

La generosidad es uno de los principios básicos en todas las religiones y filosofías. Jose Hobday, una anciana nativa americana narradora de historias, explica en su libro *Simple Living*: «Antes decíamos que podíamos saber si una persona era nativa auténtica por el color de su corazón, por si era rojo o no lo era. Si su corazón era rojo, significaba que tenía sangre gracias al masaje que recibía de sus buenas acciones, especialmente la de compartir».

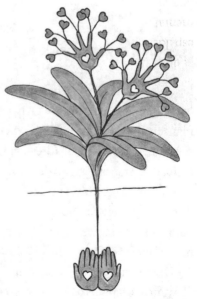

El católico contemplativo Henri Nouwen, en su libro *Diario del últi-*

mo año de vida de Henry Nouwen, dice: «Creo que existen muchos grados de generosidad. Hemos de pensar con generosidad, hablar con generosidad y actuar con generosidad. Pensar y hablar bien de los demás es el punto de partida para dar con generosidad. La generosidad no puede provenir de la culpabilidad y de la lástima. Ha de proceder de corazones intrépidos, libres y dispuestos a compartir con abundancia todo lo que nos es dado».

Para poder alcanzar ese lugar en el fondo de nuestro corazón, la generosidad deberá surgir de nuestra capacidad para ver la naturaleza de Interser entre nosotros y el receptor. Es decir, no es necesario que tu mano derecha le dé las gracias a la mano izquierda por cortar los alimentos. Cuando se rompen los muros de la separación, estamos en la misma corriente y damos de corazón a corazón. La mente no lleva la cuenta. Cuando se ha roto el muro del nosotros y ellos, dar a otro es algo natural. Dar sabiendo que tenemos suficiente nos permite no apegarnos a recibir algo a cambio.

¿Caridad o generosidad?

Las palabras caridad y generosidad se suelen utilizar indistintamente. Sin embargo, Lucinda Vardy y John Costa, en *Being Generous,* matizan entre las dos palabras diciendo: «Caridad es sentir el impulso de dar. Generosidad es sentir el impulso de cambiar. En la caridad, la transacción es del dador al receptor. Las relaciones que se basan en la generosidad son interactivas y favorecen la expansión de ambas partes. La caridad suele ser una reacción o una responsabilidad que se basa en sentir lástima, mientras la generosidad también es previsión o imaginación salpicada de empatía».

Hace varios años, en un viaje de peregrinación a la India, mis alumnos-compañeros y yo nos encontramos con interminables filas de niños a ambos lados del camino que conducía a un lugar sagrado donde el Buda había pasado cinco años de soledad y privaciones. Estos niños repetían continuamente «rupias, rupias» mientras pedían dinero con las manos abiertas y las caras tristes. Al principio les ofrecimos algunas monedas sueltas, luego compartimos nuestra comida. Pero en cada esquina aumentaba el número de niños y nos resultó imposible seguir dándoles lo poco que teníamos. Nuestro guía, Shantum Seth, también un maestro budista, nos aconsejó que nos inclináramos ante ellos con el corazón abierto y sin apartar la vista. Aunque ya no podíamos darles rupias o comida, todavía podíamos ofrecerles una presencia compasiva y un corazón generoso.

Al mes de haber regresado de nuestro viaje, las personas de aquel grupo revisamos las bendiciones que habíamos recibido de nuestra experiencia en la India y cómo podíamos usarlas para regar las semillas de la gratitud y de la generosidad en nosotros y en los hindúes. Los estudiantes trascendieron la caridad y expandieron su visión sobre cuál podía ser la mejor forma de ayudar a esos niños en la India, crearon un proyecto para ayudar a una escuela para los niños intocables de la ciudad de Bodhgaya. El proyecto denominado Medita-Educa se basaba en comprar fundas para cojines de meditación hechas a mano por un sastre pobre de esa ciudad. Las compras de esas fundas de cojín ayudaban al sastre a mantener a su familia y las ventas de las fundas en Estados Unidos servían para aportar fondos para pagar la educación de un niño al año en la escuela.

Esta experiencia profunda de la caridad expandió la empatía de mis alumnos, que se siguió manifestando en sus vidas bastante después de su graduación. Muchos optaron por carreras humanitarias, incluido el voluntariado en el Cuerpo de Paz. Tener el corazón receptivo al sufrimiento que vimos en los niños nos impulsó a generar más buenas obras y supuso un cambio profundo para todos. En el fondo todos sentíamos que nuestro viaje a la India en busca de una experiencia educativa fue sólo el principio. Nos vimos impulsados a responder a la desigualdad entre lo que vimos y nuestra experiencia personal en cuanto a bienes materiales, cuidados sanitarios y educación. La semilla de la compasión fue regada a conciencia y sentimos que teníamos que responder de una forma más generosa.

Regar la semilla de la generosidad

Mi amigo Randall es uno de esos típicos espíritus generosos. Es un veterano, vive solo en un pequeño estudio y va tirando gracias a la pensión que recibe por una invalidez. Una lesión crónica en la espalda le obliga a estar en cama la mayor parte del tiempo. Sin coche y con unos pocos bienes materiales que caben en un par de maletas, su estilo de vida sencillo le permite hacer donaciones mensuales a organizaciones benéficas en apuros y realizar tareas administrativas como voluntario para varios grupos trabajando con su ordenador portátil desde su cama. Realmente, encarna el espíritu de la generosidad con su voluntad de ayudar y de servir a los demás conscientemente.

Al principio, Randall no veía los beneficios de su estilo de vida sencillo y generoso. La enfermedad crónica y su «falta de éxito» en la madurez le hacían plantearse muchas preguntas sobre las razones de su sufrimiento. Un día tuvo lugar una reunión fortuita con líderes espirituales que ayudaban a estudiantes exiliados chinos y tibetanos en California durante la década de 1990, que le aportó a Randall una sencilla solución para sus dificultades. La mayoría de las prácticas espirituales encierran la esencia de esa solución en el concepto de que la verdadera forma de poner fin a nuestro propio sufrimiento es ayudar a poner fin al de otro.

Las personas generosas dan libremente, sin estar motivadas por el sentido de culpa, la presión social o para desgravar en la declaración de la renta. Su generosidad elimina las fronteras entre ellas mismas y los demás. A raíz de ello se sienten más conectadas y experimentan el «Interser». Dan porque tras observar profundamente el sufrimiento de un vecino, pariente o extraño, ven su propio sufrimiento en el sufrimiento ajeno. Al dar no existe separación. Si hacemos aunque sólo sea una breve pausa, nos relajamos, observamos profundamente a una persona sin techo y en ese instante conectamos con el corazón receptivo, tendremos la oportunidad de dar o de no hacerlo. Dar se basa en la observación profunda para estar seguros de cuál es la mejor forma de ayudar a ese extraño. Al dar estamos regando activamente las semillas de la amorosa benevolencia, la compasión, la alegría y la ecuanimidad.

La generosidad es también un proceso de desapego. Cuando doy algo ya no me pertenece. En la psicología del desarrollo se vería como los forcejeos de un niño cuando no quiere compartir un juguete y grita: «¡Mío!» Este mismo apego a las cosas cambia cuando entendemos que los objetos no son los que nos definen y que, de hecho, pueden llegar a limitarnos. Muchos tenemos «demasiadas vacas». Esta expresión procede de una historia de los tiempos del Buda, se dice que una vez se encontró con un hombre que estaba muy afligido porque había perdido a sus vacas. «¿Has visto a mis vacas?», le preguntó. Cuando el hombre se marchó del lugar, el Buda dijo a sus discípulos: «Tenemos suerte de no tener que preocuparnos por tener demasiadas vacas». La generosidad es más fácil cuando reconocemos que la verdadera felicidad y libertad proceden de saber que tenemos bastante y, en última instancia, de saber que ya estamos bien siendo como somos.

Jack Kornfield en *Camino con corazón: una guía a través de los peligros y promesas de la vida espiritual*, nos dice que hay tres niveles de dádiva: dádiva indecisa, dádiva fraternal y dádiva regia. Estos niveles son como una plantilla que nos sirve para comprender en qué fase estamos del proceso de aprender a dar y a ser generosos. Recuerda la última vez que diste algo. ¿En qué pensabas y qué sentías? La dádiva indecisa suele ir acompañada de alguna duda, del deseo de aferrarse un poco más a algo, en vez de soltarlo. La dádiva fraternal implica que se comparte equitativamente todo lo que haga falta. Todos estamos invitados a la mesa para compartir la recompensa o abundancia. Los donantes regios dan libremente, sin dudas, sin titubeos. Dan teniendo sólo presente el bienestar y la felicidad de los otros.

En resumen, damos porque a nosotros nos han dado. Todos los jardineros que han hecho posible que hoy estemos aquí nos han dado oportunidades para practicar la gratitud y la generosidad. Al igual que todas las semillas, también «inter-somos». No estamos separados. Del mismo modo que un jardinero riega el jardín, cada planta y hierbajo recibe lo que sustenta su vida. Luego nos nutrimos con la cosecha. Cuando nutrimos el bienestar de otra persona y la ayudamos regando sus mejores semillas, también estamos afianzando nuestra relación, ahora y en el futuro.

Inspirando, doy gracias.
Espirando, soy generoso.

Práctica:

DESARROLLA UNA ACTITUD GENEROSA HACIA TODO
Cuando sientes el deseo de dar, pasa a la acción. Riega esa semilla cuando el corazón te lo pida. Con ello aprovecharás al máximo la oportunidad de que la generosidad quede profundamente arraigada en tu conciencia almacén. La Madre Teresa nos recuerda: «No podemos hacer grandes cosas, sólo cosas pequeñas con gran amor».

SÉ GENEROSO CONTIGO MISMO
Para regar las semillas en otra persona, primero has de cuidar de tu propio jardín interior. Hacer una pausa todos los días, encontrar

tu espacio y gozar del silencio renueva tu capacidad para seguir siendo generoso con los demás.

RECONOCE TUS DONES... Y LUEGO REPÁRTELOS

Todos tenemos algo único que compartir en el mundo. Lo que ofrecemos al mundo se convierte en nuestro legado y en la continuación de nosotros mismos. A la mayoría de las personas las recordamos por su espíritu generoso, no por sus posesiones.

Cadena de favores

En esta conocida película, un niño tiene la inspiración de crear un proyecto escolar cuyo objetivo es «pensar una forma de cambiar nuestro mundo y ponerla en práctica». Él hace tres cosas que cambiarán la vida de tres personas, a las que les pide que a su vez hagan lo mismo con otras tres personas. Sus buenas acciones influyen en los demás exponencialmente. Esta historia verídica no sólo pasó a la gran pantalla, sino que se ha convertido en un movimiento para inspirar a la gente a regar la semilla de la generosidad. Nos invita a que cuando estemos agradecidos por algo, demos las gracias y sigamos «la cadena de favores». Es un maravilloso ejemplo de que la generosidad es generativa, que puede ser transformadora y cambiar nuestra vida.

Mantras:

- Hoy soy generoso conmigo mismo de todas las formas posibles.
- Comparto libremente lo que tengo sin esperar nada a cambio.
- Me libero de mis apegos, soy libre.

PARTE 5

El compost

*«El agricultor ecológico no tira la basura. Sabe que la
necesita. Es capaz de transformar la basura en compost, para
que éste vuelva a convertirse en lechuga, rábanos y flores.»*

THICH NHAT HANH

Como jardineros conscientes sabemos que podemos hacer compost del material orgánico en descomposición, hojas, estiércol e incluso las pieles de verduras que tiramos al hacer la comida todos los días. Cuando se mezclan con la tierra de nuestro jardín, estos «restos» aportan los nutrientes y la textura necesarios para que nuestro jardín florezca y crezca con fuerza. Sin el compost no podríamos gozar de la belleza y exuberancia que el jardín puede ofrecer al cuerpo, a la mente y al espíritu.

Como cuidadores de nuestro jardín emocional todos tenemos cualidades o semillas en nuestro interior que nos sirven para hacer compost en nuestra vida cotidiana. Igual que los restos que forman el compost que abona nuestro jardín, no se nos ocurre pensar en estas semillas —miedo, ira, duda y celos— cuando reflexionamos sobre las cualidades que deseamos cultivar. Pero con la práctica de la plena consciencia, hacemos una pausa y observamos profundamente estas semillas para descubrir, comprender y apreciar su valor e importancia en el jardín de nuestra conciencia.

A pesar de la enorme cantidad de semillas para compost de las que disponemos para explorar a fondo, la ira, el miedo, la duda y los celos, creo que son las más importantes para examinar nuestras relaciones. Estas semillas son las que suelen tener las raíces más profundas. A medida que vayamos desenterrando estas semillas del sufrimiento, iremos aprendiendo a transformarlas en compost que nos servirá para que florezca el amor en nosotros y en nuestros seres queridos.

Como sucede en nuestros jardines de casa, los hierbajos no se convierten enseguida en los nutrientes que necesitamos para abonarlos. Puede que tengamos que arrancar algunos hierbajos desde su raíz y sacarlos de nuestro jardín. En algunas circunstancias, algunas relaciones no funcionan, y para proteger el jardín, será necesario vallarlo o aislarlo.

Mi madre arrancaba con mucho cuidado el diente de león, especialmente antes de que floreciera y salieran las semillas blancas que al hincharse acaban formando el globito blanco, que le causaba más sufrimiento. Cuando la mala hierba está formando las semillas, si la dejamos en el compost creará más hierbajos. Esto es lo que hemos de tener presente cuando afloren con fuerza las semillas del miedo, la ira, la duda y los celos; pueden hacer más daño a la relación, del mismo modo que una mala hierba no siempre se transforma en compost o tiene un crecimiento positivo.

«Con la energía de la plena consciencia puedes mirar en la basura y decir: no tengo miedo. Soy capaz de volver a transformar la basura en amor.»

Thich Nhat Hanh

16

El miedo

«Nuestros miedos más profundos son como los dragones que cuidan de nuestros más preciados tesoros.»

RAINER MARIA RILKE

Hace varios años uno de mis alumnos de la universidad me contó que su padre se estaba muriendo de cáncer. Pensar en la muerte de su padre le producía un miedo que le dejaba sin fuerzas. Su familia vivía cerca, en la costa de Oregón, muchas veces hablábamos de la experiencia de vivir en la playa, esto me dio la oportunidad de examinar uno de sus grandes temores: la muerte. Le pedí que reflexionara sobre la vida de una ola como metáfora de nuestra propia vida. Toda ola tiene un principio, una duración y un final. Cuando ya no vemos la ola, ¿diríamos que ha muerto? ¿Adónde ha ido la ola? Cuando

pensó en las mareas, se dio cuenta de que, aunque su padre ya no estuviera físicamente presente en su vida, seguiría estándolo de otro modo. A medida que avanzaba la enfermedad de su padre, el joven hablaba con él de las olas. En la cabecera de su cama puso una foto del mar, un recordatorio diario de que, al igual que la ola, todos tenemos un final, sin embargo, nunca desaparecemos. Durante los últimos días de su padre su relación se hizo más profunda y se ayudaron mutuamente a afrontar el mayor de sus temores.

> *«Contemplemos atentamente una ola del mar. Vive su vida de ola, pero al mismo tiempo vive su vida como agua. Si la ola pudiera girar hacia sí misma y tocar su sustancia, que es agua, lograría vencer su miedo.»*

Thich Nhat Hanh

¿Qué es el miedo?

El miedo es un sentimiento fuerte y desagradable de riesgo o de peligro, real o no. Los miedos más comunes son a hablar en público, a las alturas, a la intimidad, al fracaso, a la muerte, al rechazo, a equivocarnos, a estar en una situación embarazosa, a la pérdida y a la soledad, sin excluir las fobias a las serpientes, arañas, perros, al cambio y a lo desconocido. El miedo puede tener una finalidad en nuestra vida. Puede aguzar nuestra conciencia y prepararnos para actuar cuando surge un problema real. El miedo saludable puede salvarnos la vida, del mismo modo que nuestro sistema límbico está preparado para las funciones de alimentarse, huir o luchar. Cuando otro conductor nos corta el paso o nos avergüenzan delante de nuestros compañeros, nuestro cuerpo libera adrenalina al instante para ayudarnos a afrontar la amenaza, imaginaria o real. El miedo crea un estado de alerta que nos ayuda a encontrar las soluciones que necesitamos para la supervivencia con mayor rapidez que si nos pusiéramos a pensar qué podemos hacer. Esta inteligencia emocional nos aporta actuaciones, percepciones o intuiciones sobre lo que está sucediendo que pueden salvarnos la vida. La plena consciencia, la meditación y la oración nos ayudan a calmar este centro en nuestro cuerpo.

Estas cualidades y otros subproductos del miedo dependen de la posible amenaza que represente para nosotros aquello que tememos. La ansiedad se caracteriza por el temor a que nos perjudiquen en el futuro, mientras que el miedo se caracteriza por el temor a que nos perjudiquen en el presente. Estos estados suelen fusionarse en un sentimiento general de aflicción y de incertidumbre en la vida diaria.

Los miedos patológicos suelen ser la causa de nuestras angustias y aflicciones cotidianas. Nos desvelan por la noche y suelen hacernos desgraciados. El miedo patológico siempre acaba pasándonos factura. Veamos el ejemplo de una persona que experimenta la pérdida de una relación. Lo más normal es que esa persona se cierre y decida temporalmente que no va a volver a enamorarse: supone demasiado sufrimiento y un precio muy alto. Puede que viva más aislada porque teme más fracasos y rechazos. Puede que piense que no merece ser amada o que tenga miedo de que nadie vuelva a sentirse atraído por ella. Aunque estos sentimientos suelen formar parte de una respuesta típica al dolor, si no los afrontamos, experimentamos y transformamos, se convertirán en un asunto pendiente, que a medida que se vaya acumulando nos impedirá que vivamos plenamente. Pensemos en cuántas horas vivimos con miedo, estrés y de forma mecánica, perdiendo un tiempo y una energía preciosos que podríamos emplear en ser felices y en amar.

La mayoría de nuestros miedos y preocupaciones son irracionales y se basan en pensamientos distorsionados. La concentración prolongada en la semilla del miedo influye en nuestras percepciones y se convierte rápidamente en una formación o historia mental. La repetición mental hace que eche raíces en nuestra conciencia almacén.

Mi acrónimo favorito para ayudarnos a entender el miedo *(fear)* es éste:

> *False* (Falsa)
> *Evidence* (Evidencia)
> *Appearing* (Que parece)
> *Real* (Real)

Aplica este acrónimo a una situación que temas actualmente. ¿En qué medida tu miedo es real, irracional o distorsionado?

El miedo es como una cebolla que tiene muchas capas y un centro: pelar cada capa puede hacernos saltar las lágrimas. Al explorar las capas recuerdo las experiencias que me han contado mis amigos cuando se han enfrentado a una enfermedad mortal. Me han dicho que vivían en un estado de *shock*, acompañado de miedo y ansiedad. Incluso el tratamiento de la enfermedad les despertaba el miedo: «¿Funcionará el tratamiento? ¿Cómo lo sabré? ¿Estoy haciendo lo correcto?» En algún momento, el miedo a la muerte capta toda su atención por primera vez en su vida. Esta reacción general es una respuesta normal y saludable a ese sufrimiento y enfermedad, que si se usa de formas positivas, puede ser una invitación a disfrutar más de la vida que nunca.

Por otra parte, si una persona rechaza su miedo, esa semilla quedará enterrada más profunda en el jardín de su conciencia almacén. La negación y estar ocupado son las vías de escape más comunes para aquellas personas que no quieren tomarse un respiro y observar atentamente su miedo, lo que les permitiría empezar a entender el verdadero origen de esa emoción y descubrir nuevas formas de sobrellevar este poderoso sentimiento.

Algunas personas se han dado cuenta de que utilizando la plena consciencia para observar atentamente sus temores ahora viven más felices, con más gratitud y aprecio, sobre todo, por esas pequeñas cosas que antes daban por hechas. En otros casos, les ha servido para hacer inventario de las cosas que tenían pendientes y vivir de un modo más profundo compartiendo, tal como dice Ira Byock en su libro, *Decir lo que importa*: «Te ruego que me perdones. Te perdono. Gracias. Te quiero». Cuando contemplamos el miedo de este modo, estamos buscando debajo de sus capas para descubrir cuál es su raíz, ya sea miedo a perder el control o miedo a estar solo. Ese sentimiento puede incluso ir más al fondo y llegar al miedo a la muerte, que suele conectar con el «asunto» principal de nuestra vida. Por último, otro amigo me dijo que ahora cuando sentía miedo era capaz de evitar las consecuencias estando totalmente presente en la meditación y en la vida en general.

Estar con el miedo

Estar con el miedo significa que aceptamos sentirlo, en lugar de luchar contra él cuando aparece. La clave para hacer frente al miedo y a otros sentimientos difíciles es ser conscientes de lo que nos está sucediendo en un plano más profundo cuando el miedo viene a visitarnos. En *Camino con corazón: una guía a través de los peligros y promesas de la vida espiritual*, Jack Kornfield dice: «En las culturas antiguas, los chamanes aprendían que poner nombre a aquello que temes era una forma práctica de empezar a tener control sobre ello. Tenemos palabras y rituales para muchos de nuestros grandes acontecimientos externos, nacimiento y muerte, guerra y paz, matrimonio, aventura, enfermedad, pero muchas veces desconocemos los nombres de las fuerzas interiores que se mueven con tanto ímpetu dentro de nuestro corazón y nuestra vida». Pocas personas son

verdaderamente conscientes de su viaje interior y de la necesidad de
«poner nombre a los demonios» que se encuentran por el camino,
así como a los que encuentran en su viaje exterior.

Poner nombre a nuestro miedo y buscar el mensaje profundo
que hay tras el mismo, muchas veces puede ser terapéutico. Prueba
a entablar una conversación con la emoción. «Hola, Miedo. ¿Qué
me estás intentando decir hoy?» Pregúntate: ¿qué intensidad tiene
este sentimiento? ¿Qué me está diciendo mi cuerpo sobre el mismo? ¿Cuáles son mis percepciones? ¿Son ciertas? ¿Estoy seguro?
¿Qué tipo de historia estoy creando en torno a estos sentimientos y
cómo se está implantando y regando esta historia en mi conciencia?
¿Conozco ya este sentimiento? ¿Estoy poniendo un parche a un hecho anterior que fue el que precipitó este sentimiento? ¿Cómo experimento el miedo en mi cuerpo cuando aparece?

Siempre que experimento una reacción más fuerte de lo habitual
a cualquier cosa que me sucede en la vida me doy cuenta de que el
compost con las semillas del miedo, la ira, la insuficiencia y los celos
no ha sido removido, aireado y transformado. Cuanto más tiempo le
demos vueltas a algo, más fuerte se hará la semilla y más profunda se
implantará en el jardín de nuestra conciencia. Hay unas prácticas que
te ayudarán a cavar a fondo y te servirán para que las semillas del
compost hagan su trabajo de enriquecer tu vida.

Práctica:

TOMA EL TÉ CON MARA

Ananda era el principal asistente del Buda y un discípulo muy dili-
gente. Un día Ananda sintió la presencia de Mara, que representa
nuestros demonios, y le preguntó al Buda: «¿Qué vamos a hacer?
Mara está aquí». El Buda respondió: «No te preocupes, Ananda. Le
invitaré a tomar el té». Simbólicamente, Mara representa nuestro
sufrimiento que suele tener su origen en el miedo. Lo que el Buda

nos está enseñando es que hemos de hacernos amigos del miedo, en vez de rechazarlo. Podemos realizar esta práctica meditando y regando las semillas de la escucha atenta y del habla amorosa.

DEJA QUE EL MIEDO TE ENSEÑE

El miedo puede ser una «campana de la plena consciencia» y una llamada a la acción. El miedo también puede ser nuestro maestro. A medida que me voy haciendo mayor, soy más consciente de que el miedo se relaciona con alguna pérdida: de la identidad, de la salud e incluso con la muerte. Cuando reflexiono sobre estos miedos, recuerdo las palabras del rabino Hillel: «Si no lo hago ahora, ¿cuándo?», y utilizo el miedo como recordatorio para acabar lo que tengo pendiente y vivir plenamente.

SUSTITUYE EL MIEDO POR AMOR

Básicamente, podríamos decir que sólo existen dos sentimientos: amor y miedo. Cuando ponemos demasiada atención en lo que tememos, tenemos más miedo. Observa hacia dónde diriges tu atención a lo largo del día. El escritor Gerald Jampolsky dice: «El amor es deshacerse del miedo». Podemos practicar esta idea, aprendiendo a estar en contacto con el miedo, a experimentarlo, y luego trasladar de nuevo nuestra atención e intención al estado natural del amor.

PRACTICA *METTA*

Uno de los mejores antídotos para el miedo es la práctica de *metta*. En vez de preocuparnos por nuestros miedos y ansiedades, volvemos a la práctica básica de la amorosa benevolencia:

Que (tú, nosotros) me llene de amorosa benevolencia.
Que (tú, nosotros) me libere del sufrimiento.
Que (tú, nosotros) encuentre la alegría.

Que (tú, nosotros) esté bien.
Que (tú, nosotros) encuentre la paz.

Mantras:

- Hoy aspiro a profundizar en el origen de mi miedo.
- Cuando surge el miedo, paso conscientemente a amar a los demás y a mí mismo.
- El miedo es mi maestro. Gracias por recordarme que me concentre en lo que puedo controlar hoy y en ser más profundo en mi vida.

17

La ira

«No es saludable guardar dentro la ira durante mucho tiempo. Siempre les aconsejo a mis amigos: "No te guardes la ira más de un día".»

THICH NHAT HANH

Recordarás la historia que he contado del presidiario. Puesto que conoce los conceptos que expongo en este libro, hace poco le pedí que me hiciera algunos comentarios sobre las semillas que fueron regadas en su vida antes de que le encarcelaran. «Cuando miro hacia atrás —escribió—, me doy cuenta de que en los primeros años de mi vida regaron muchas semillas al azar, principalmente las del miedo, la ira y el desprecio hacia mí mismo. Según parece, yo he regado esas semillas más que las otras.» JR entrevistó a otros reclusos y descubrió que también les había sucedido lo mismo. Uno de los reclusos dijo: «Cuando era pequeño

todo giraba en torno al dinero, y las semillas de la ira y la codicia crecieron especialmente rápido en mí». JR se lamentaba: «De haber regado las semillas de la amorosa benevolencia y de la compasión, o si otros las hubieran regado por mí, habría sido más amable y tranquilo en mis relaciones con los demás. Probablemente, hoy no estaría aquí».

Las raíces de nuestra ira

Todos tenemos nuestras propias ideas sobre la semilla de la ira. Para algunas personas, expresar la ira es algo reprobable o que se ha de castigar. Mi madre cada vez que notaba que estaba enfadado me decía: «Gerald, sé agradable». Para otras, la ira puede ser una forma saludable de eliminar el estrés o de liberar sufrimiento o dolor. Podemos afirmar que no tenemos muchos modelos saludables para expresar la ira en nuestra sociedad. Por lo tanto, esta semilla suele quedar enterrada en lo más profundo del campo de nuestra conciencia.

Igual que un jardín, nuestra conciencia es vulnerable a una amplia gama de condiciones. Algunas personas se han educado con una dieta regular de ira dentro de sus familias o en sus relaciones anteriores o actuales. Todos hemos experimentado aluviones de ira a través de la violencia, la crueldad y la hostilidad que transmiten los medios. Las generaciones más jóvenes han almacenado estas imágenes a través de los videojuegos y de la televisión que están regando continuamente la semilla de la ira. El avance de la tecnología junto con las nuevas formas de entretenimiento —seducidas e impulsadas por los beneficios— está generando nuevas dificultades para los padres y la sociedad en general.

«Yo no me enfado, pero tengo úlceras.»

Woody Allen

Las investigaciones indican que la ira que dura más de veinte segundos suele estar relacionada con alguna otra cosa diferente al último desencadenante de la misma, normalmente, algún asunto pendiente o algo que en el pasado nos «desbordó». Hace años, un día salí a correr y un conductor casi me atropella. Terminé en el capó de su coche. En un arranque de rabia, con el corazón latiendo a mil, golpeé con mis puños su capó antes de alejarme corriendo de esa experiencia. En aquel momento, mi ira iba claramente dirigida hacia el conductor, pero bastante tiempo después me di cuenta de que esa rabia estaba más relacionada con la complicada relación que mantenía en aquellos tiempos. Cuando puedes relacionar saludablemente lo que está sucediendo en el presente con lo que ha sucedido en el pasado, estás creando la condición ideal para comprender tu ira y transformar la semilla a través del acto de ser consciente. Esta conciencia crea una conexión y propicia la circulación entre la ira de la conciencia mental y la ira de la conciencia almacén: el primer paso hacia la transformación.

El impacto de la ira

La mayor parte del estrés que tenemos se debe a sentimientos negativos como la ira y el miedo. La ira activa nuestro sistema nervioso del mismo modo que el miedo activa nuestro sistema límbico para iniciar la respuesta de luchar o huir. Si mantenemos viva la ira negativa, esto hace que el sistema nervioso simpático esté trabajando a fuego lento, incluso mientras descansamos, y cuando surgen los estados de miedo y de rabia, el cuerpo se activa totalmente.

Algunas personas van por ahí con lo que se denomina «hostilidad en estado libre». La semilla de la ira está justo debajo de la superficie de la tierra, lista para explotar a la menor provocación. Muchas veces puedes comprobar tu propio grado de ecuanimidad y plena consciencia cuando te enfrentas a situaciones difíciles. ¿Cómo responses cuando estás en un atasco y alguien se te mete delante? ¿Eres capaz de ver objetivamente esa provocación o explotas enseguida, haces gestos insultantes o descargas tu ira? ¿Te ha recordado esta experiencia alguna otra situación frustrante y ha reavivado las brasas de tus sentimientos? ¿Reflexionas sobre la situación conscientemente? ¿Estás dispuesto a discernir si esos sentimientos están relacionados con la experiencia del presente o bien si tienen su origen en el pasado?

> *«Por cada minuto que estás enojado, pierdes sesenta segundos de felicidad.»*

> RALPH WALDO EMERSON

La plena consciencia y la ira

En el jardín de nuestra conciencia tenemos las semillas del sufrimiento y las semillas del amor. La ira representa una energía negativa y es una de las principales semillas del compost que indican dolor y sufrimiento. La ira rara vez existe en un vacío. Siempre está conectada con emociones como el miedo, sentirse herido, traicionado, así como las historias e imágenes sobre la ira que llevamos dentro de nuestra conciencia. Como en cualquier jardín, las flores y las malas hierbas están entremezcladas y sobreviven gracias a la sinergia de sus mutuas energías.

La simiente o la práctica de la plena consciencia es el mejor antídoto para la ira. Hemos aprendido que al hacer una pausa y calmarnos nos trasladamos al presente y somos conscientes del sentimiento. Cuando somos conscientes de nuestra respiración y practicamos la observación profunda desde la perspectiva de la plena consciencia, experimentamos la ira en nuestro cuerpo, reconocemos el sentimiento, exploramos las percepciones (verdaderas o falsas), y nos damos cuenta de que es una formación o historia mental que creamos nosotros. Cuanto más tiempo retengamos la semilla de la ira en la superficie de nuestra conciencia mental, más profundas se harán sus raíces en el futuro. Como el diente de león, regresará una y otra vez hasta que arranquemos sus raíces.

Cuando aflore la semilla de la ira en nuestra conciencia mental, podemos utilizar la plena consciencia para trabajar con la misma. Podemos respirar, hacer una pausa y observar profundamente esta ira, en lugar de empujarla cada vez más adentro. Entonces podemos preguntarnos: «¿Qué es esta ira? ¿A qué se debe realmente? ¿Cómo puedo utilizar esta oportunidad para aprender algo sobre este sentimiento y sobre mí mismo?» Cava hondo para encontrar las raíces.

Transformar la semilla de la ira

Podemos contemplar la transformación de esta semilla como la respuesta de un padre o una madre al llanto de su bebé. Cuando la madre o el padre oyen llorar al bebé, saben que le pasa algo, que les está pidiendo ayuda. La ira nos transmite el mismo mensaje. Cuando la madre o el padre cogen en brazos a su hijo o hija, tratan de averiguar qué le pasa. Si tiene hambre, si hay que cambiarle el pañal. La madre o el padre abrazarán a su bebé, lo tranquilizarán y harán todo lo posible para aliviar su sufrimiento.

Podemos responder a la ira y transformarla del mismo modo. Cuando aparece y aflora la ira en nuestra conciencia, podemos reconocerla y, en vez de desatenderla o negarla, podemos aceptar conscientemente esa emoción. Inspirando, soy consciente de mi ira. Espirando, acepto mi ira. Con una inspiración y una espiración, se pone en marcha el mecanismo del consuelo. En estos momentos de plena consciencia, convoca sentimientos de amorosa benevolencia, compasión y ecuanimidad para que puedas examinar libremente el verdadero origen de la ira y puedas liberarla.

Una buena forma de conectar con la semilla de la ira es imaginar qué aspecto tienes cuando estás enfadado. ¿Qué aspecto tenía cuando hace años golpeé con mi puño el capó del coche? La acción de ponernos en el lugar del observador durante un momento de rabia puede resultar esclarecedora y humillante. ¿Quién es esta persona rabiosa? ¿De dónde procede su rabia?

Práctica:

PRESTA ATENCIÓN

Aprende a escuchar tu ira y cómo influye en tu cuerpo, sentimientos, percepciones, formaciones mentales y conciencia. ¿De qué te sirve esta ira y cómo ayudas a las personas cuando están enfadadas? Como buenos jardineros hemos de ser conscientes de que castigar a otro por su rabia no resolverá el problema, sino que aumentará más sus sentimientos de ira. John Gottman, psicólogo y autor de *Siete reglas de oro para vivir en pareja*, escribe que es importante evitar «los arranques duros» en nuestras interacciones. Los arranques duros suelen estar generados por la ira, y son como una pendiente resbaladiza que nos va hundiendo en una angustia más profunda, y que potencialmente pueden generar más ira y confusión. No es muy inteligente iniciar una comunicación —especialmente para resolver un problema o afrontar un conflicto— cuando una o las dos partes están enfadadas. Aprender a suavizar conscientemente la forma de iniciar una conversación, sobre todo, después de que alguien se haya enfadado, nos dará la oportunidad de resolver ese problema. Deja a un lado las críticas sobre la otra persona y las cosas que se han ido almacenando durante años. Por el contrario, empieza regando las semillas positivas en esa persona y las oportunidades de conseguir una reconciliación y comprensión serán mucho mayores.

El regalo de la ira

Muchas personas creen que cuando estamos enfadados hemos de sacar lo que llevamos dentro y dar rienda suelta a la rabia. Recuerdo talleres en los que los participantes rompían platos, golpeaban cojines e intentaban romper guías de teléfono para descargar su ira. Aunque esto pudiera proporcionarles un alivio inmediato, ¡también podíamos contemplar estas prácticas de liberación desde la perspectiva de que se estaba practicando la violencia! Quizá liberes las manifestaciones físicas de la ira, pero la raíz puede incluso hacerse más fuerte.

Por el contrario, podemos elegir entrar en un estado de plena consciencia, paseando conscientemente y explorando nuestra rabia desde el punto de vista de lo que nos puede enseñar sobre nosotros mismos y sobre nuestras relaciones con otras personas. De este modo, nuestra ira se convierte en una guía o incluso en un regalo para ser más conscientes y crecer. En vez de usar nuestra ira para atacar, herir, acusar o hacer daño a otra persona, podemos decir: «Freno esta ira. Voy a explorar conscientemente esta semilla y a transformarla en algo con sentido y terapéutico».

> *«Los demonios de nuestras vidas son portadores de regalos que están ocultos bajo sus alas.»*

> SARAH BAN BREATHNACHT

Meditaciones guiadas

Tal como hemos practicado antes, las meditaciones guiadas siempre van acompañadas de la respiración y nos ayudan a hacer una pausa y a tranquilizarnos. Antes de aplicar la observación profunda para descubrir las raíces de tu ira, tendrás que concentrarte. Puedes crear una meditación guiada personal para que te ayude a explorar tu ira.

Ejemplos:

> *Inspirando, soy consciente de la ira que hay dentro de mí*
> *(o de otra persona).*
> *Espirando, soy consciente del sufrimiento que puede*
> *ocasionar esta ira.*
> *Inspirando, soy consciente de mi ira.*
> *Espirando, busco el origen de esta ira.*

Mantras:

- Reconozco la ira que hay dentro de mí y el sufrimiento que me ocasiona a mí y a las personas que me rodean.
- Busco a fondo dentro de mí la semilla de la ira y descubro que sus raíces están en el pasado.
- Me acerco conscientemente a mi ser querido con el sentimiento de amorosa benevolencia para intentar resolver nuestro desacuerdo.
- Acepto a la ira como mi maestra, para que cuando la experimente pueda liberarla de mi conciencia mental.

18

Los celos

«Nuestros celos son las malas hierbas venenosas del jardín de la vida y se han de arrancar al instante.»

GEORGE WHARTON JAMES

Quizá ninguna otra historia ilustra mejor la semilla de los celos que la leyenda bíblica de Caín y Abel. Caín, agricultor, y Abel, pastor, compartían perfectamente su vida en común. Cuando Dios prefirió la ofrenda de Abel del primer cordero que nació al cereal de Caín, a este último le consumieron los celos hasta convertirse en odio y matar a su hermano Abel. Aunque a Caín le amargaban los remordimientos de lo que había hecho, el daño ya era irreparable. ¿Qué daño ha ocasionado en tu vida y en tus relaciones la semilla de los celos? ¿Reconoces esa semilla profundamente enterrada en tu conciencia almacén?

Las caras de los celos

Cuando reflexionamos sobre la semilla de los celos, descubrimos el deseo de tener algo que no poseemos, o el temor de que nos arrebaten lo que tenemos. Mira debajo de la sombrilla de los celos y encontrarás envidia, codicia, resentimiento, posesión, amargura y maldad. Los celos suelen ser el tema favorito de las columnas de consejos de los periódicos o de los programas de televisión y de radio, no es de extrañar que sean una de las causas de conflicto más comunes por la que las parejas buscan la ayuda de un consejero matrimonial.

Los celos también revelan nuestro ego, que suele alimentarse con sentimientos de carencia, insuficiencia y competitividad. Los logros, felicidad o posesiones de otra persona restan importancia o confianza en uno mismo. Si ascienden a otro, significa que no te ascenderán a ti. Si alguien triunfa, significa que puede que tengas que esforzarte más para que se fijen en ti. Se convierte en un juego de tu ego frente al de los demás. Cuando envidias o codicias lo que tienen otros, estás infravalorándote como persona y menospreciando tus logros. David Richo, en *Cómo llegar a ser un adulto*, nos dice que «los celos ocasionados por el ego manifiestan nuestro sentido de posesión, nuestra dependencia, nuestro resentimiento por la libertad de otra persona, nuestro rechazo a ser vulnerables».

El impacto de los celos

La semilla de los celos nos enfrenta más que ninguna a nuestros apegos, ya que hace que nos centremos en todo aquello que nos «falta» en la vida, y nos hace responder o reaccionar con descontento y resentimiento. La semilla de los celos encierra en su interior el sentimiento profundo de que no valemos nada y nos incita a buscar

fuera de nosotros para demostrar nuestra capacidad o, desgraciadamente, para adquirir las cosas que creemos que nos hacen importantes. En mi caso, por ejemplo, conecto con la semilla de los celos
cuando algún amigo me dice que se va a Hawái en invierno, mientras en mi casa en Oregón llueve a mares, o quizá cuando escucho a
alguien que da una charla con más elocuencia que yo. El ladrón de
la comparación siempre me roba la oportunidad de apreciar mis
dones únicos y los de los demás.

Al igual que otras semillas del compost, los celos son un indica-
dor, nos exigen que nos interioricemos y descubramos por qué se
ha creado esta historia o formación mental y qué otras semillas o
cualidades tienen relación con la misma. Como ya hemos visto, no
hemos de rechazar las emociones que las semillas del compost hacen salir a la superficie, sino aceptarlas como maestras y como
oportunidades para crecer.

Cuando reconocemos el sentimiento de los celos, somos conscientes de su influencia en nuestro cuerpo. ¿Qué sucede cuando te
das cuenta de que te han quitado algo? Tu cuerpo se contrae, se
tensa y literalmente se pone a la defensiva. Date cuenta cómo el
sentimiento de miedo y de ira muchas veces va unido a los celos que
añaden más leña a la hoguera emocional que estás experimentando.
Cuando sientes celos, observa que te sueles olvidar de escuchar
atentamente y de utilizar el habla amable, y que inconscientemente
dices cosas que más tarde lamentarás. Verás que a raíz de involu-
crarte en esta historia o formación mental tienes más dudas respecto a ti mismo. Cuanto más tiempo se riegan estos pensamientos,
sentimientos y percepciones, más profundas se hacen las raíces en
nuestra conciencia almacén.

Estar con los celos

«Toda formación mental —ira, celos y desesperación—
es sensible a la plena consciencia, como toda vegetación es
sensible a la luz solar. Al cultivar la energía de la plena
consciencia, puedes curar tu cuerpo y tu consciencia.»

Thich Nhat Hanh

Los celos pueden ser una maravillosa oportunidad para enfocar la luz de la plena consciencia hacia la semilla antes de que esa semilla invada todo el jardín. En cuanto notes una chispa de celos, toma conciencia de tu respiración. Respirar es la clave para estabilizar el sentimiento para que no prolifere a través de nuestras percepciones y de las formaciones mentales o historias que creamos. Con los celos, al igual que con otras semillas conflictivas, el primer paso es ser conscientes sin juzgar o criticar. Utilizar la plena consciencia junto con la escucha atenta y el habla amable nos ayuda a empezar a vislumbrar nuestra naturaleza de Interser con los demás, donde la competitividad y la envidia son innecesarias porque en esencia todos somos uno. La alegría, el éxito o los logros de otro se convierten en los nuestros.

La mayor parte de nuestros sufrimientos proceden de la falta de ecuanimidad, del sentimiento de inferioridad. Esta etiqueta sencillamente nos separa de los demás. Cuando de verdad somos capaces de ver a todas las personas como si fueran nuestros hermanos o hermanas, descubrimos que la verdadera felicidad procede de nuestra naturaleza de Interser; todos estamos conectados y por lo tanto no es necesario tener celos.

Thich Nhat Hanh es el ejemplo de una persona que siempre camina conscientemente dentro de su comunidad. En vez de tener celos de esa persona, podemos admirar su diligencia y plena consciencia, y aspirar a cultivar esas cualidades. La ecuanimidad nos permite apreciar y amar a las personas que nos rodean.

Aunque la mente suele tener preferencias, procura tratar a todas las personas por igual. Como dijo Thich Nhat Hanh: «Es el tipo de amor que tiene una madre por todos sus hijos, aunque sea más fácil amar a uno que a otro, algunos la harán sufrir y otros harán que se sienta triste». Con la ecuanimidad, vemos a todos por igual y así todos tenemos un refugio o puerto seguro cuando se agitan las aguas de las emociones. La ecuanimidad es uno de los mejores antídotos contra los celos.

«En vez de comparar nuestra situación con la de quienes son más afortunados que nosotros, debemos compararnos con la de la gran mayoría de nuestros compañeros humanos. Entonces, nos parecerá que somos unos pivilegiados.»

HELLEN KELLER

Práctica:

SÉ CONSCIENTE Y ACEPTA EL SENTIMIENTO

Como ya has visto con las otras semillas del compost, el primer paso es ser consciente de los celos cuando aparecen. Al observar ese sentimiento y tu reacción, tienes una pista sobre lo que está sucediendo en el presente. Es evidente que cuando aparecen los celos es porque creemos que nuestras necesidades personales no están siendo atendidas. En vez de mirar hacia fuera para satisfacer esas necesidades, mira hacia dentro y riega las semillas que nutren el verdadero amor: amorosa benevolencia, compasión, alegría y ecuanimidad.

RESPIRAR CONSCIENTEMENTE

El aprendizaje para aceptar cualquier sentimiento comienza por to-

mar conciencia de la respiración. Una sencilla inspiración y espiración nos ofrecerá alivio al instante. Combina la respiración con un
paseo consciente y las olas de los celos desaparecerán.

Inspirando, siento las olas de los celos.
Espirando, libero este sentimiento.

SÉ CONSCIENTE DE QUE EL AMOR EMPIEZA POR TI

Para los celos sólo existe una alternativa: autovalorarse y la autoestima. Si no puedes amarte, será muy difícil que recibas el amor de
los demás. Si riegas las semillas positivas, descubrirás lo que vales.
Si de verdad practicas la amorosa benevolencia, te darás cuenta de
que empieza por el amor incondicional y la aceptación hacia uno
mismo.

PRACTICA LA GRATITUD Y LA GENEROSIDAD

En capítulos anteriores hemos visto que la gratitud y la generosidad
son dos semillas que nutren a los demás y a nosotros mismos. Al
regar estas semillas ponemos nuestra atención en los demás. Nuestro ego desaparece cuando estamos presentes, observamos el momento y damos gracias por cada respiración, por todas las personas,
y por todos los regalos que siguen bendiciendo nuestra existencia.
En otra respiración podemos dar lo que tenemos a los demás y así
expandir sus vidas a través de nuestras ofrendas.

COMUNÍCATE

La práctica de escuchar atentamente puede proporcionarnos una
visión más profunda de los demás, especialmente de aquellos de
quienes hemos tenido celos. Invitar a un amigo a tomar un té puede
ser el inicio del proceso de sanación. El tiempo que estéis juntos
concéntrate en escucharle para entenderle mejor. Amablemente y
con estabilidad emocional, exprésale lo mal que te sientes y descrí-

bele tus sentimientos. Busca la forma de explicarle cómo te sientes cuando se comporta de cierta manera, por ejemplo: «Cuando miras continuamente tu móvil cuando estamos juntos, me siento menos importante que cualquiera de las personas que te hayan llamado o enviado un mensaje». Si vuestra relación es importante para ambos, seguramente la otra persona será más consciente de su conducta. La meta última es que los dos os preguntéis: «¿Cuál es la mejor forma de amarte?»

COMPARTE TUS SENTIMIENTOS

¿Se comporta tu pareja de forma que te incita a tener celos? Muchas veces, hacérselo saber puede ser la solución al problema. Si le importas a la otra persona, ésta cambiará la conducta que te hace sufrir. Ser consciente de tus sentimientos es el primer paso para sanar una relación, así como para sobrellevar una relación que no puedes cambiar.

EXPLORA TUS SENTIMIENTOS DE CELOS

A través de la práctica de la plena consciencia podemos desarrollar una comprensión más profunda sobre el origen de la semilla de los celos en nosotros. Utiliza la observación profunda y reflexiona sobre lo siguiente: ¿por qué tengo celos en esta situación o de esta persona? ¿Qué tiene el otro que yo codicio? ¿Por qué he de tenerlo yo en lugar de ella? ¿Me ayudan los celos a conseguir lo que deseo? ¿Sería más feliz si lo tuviera? ¿Por qué me disgusta que otro tenga esto? Estas preguntas profundas y sustanciosas nos ayudan a comprender la verdadera naturaleza de los celos en nuestra vida. Las respuestas nos pueden dar la oportunidad de desenterrar la semilla de los celos y de sacarla a la luz de la transformación.

Riega la semilla del amor

Ha llegado el momento de recordar qué semillas del amor hemos de regar para que florezca el verdadero amor: la amorosa benevolencia, la compasión, la alegría y la ecuanimidad. Si realmente queremos lo mejor para otra persona, celebramos su éxito y nos alegramos por ella. Al regar la semilla de la compasión, cualquier sufrimiento que podamos experimentar con los celos puede convertirse en un don para reforzar la calidad de nuestra compasión. Al regar la semilla de la alegría, en última instancia me doy cuenta de que la dicha de otro a mí también me aporta felicidad. Cuando me ofrezco como refugio y doy libertad a los demás, estoy practicando la ecuanimidad y ambas partes salimos ganando y crecemos.

Mantras:

- Los celos me piden que me concentre en estar agradecido por lo que tengo.
- Me recuerdan que tenga presente que estoy bien tal como soy.
- Los celos me dirigen a la práctica de la amorosa benevolencia y de la compasión hacia mí mismo.

19

La duda

«Si el Sol y la Luna dudaran alguna vez, desaparecerían al instante.»

WILLIAM BLAKE

La Madre Teresa fue uno de los personajes más respetados del siglo XX, pero casi diez años después de su muerte, cuando salió a la luz la colección de sus escritos personales, fue una gran sorpresa descubrir que éstos revelaban que, a pesar de su convicción absoluta de que estaba sirviendo a Dios, esta extraordinaria mujer de fe también tenía dudas, serias dudas, sobre su fe e incluso sobre el Dios a quien servía.

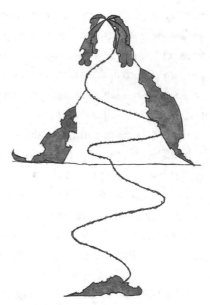

La duda es una experiencia universal que todos conocemos. Las semillas de la duda suelen estar enterradas tan profundamente dentro de nuestra conciencia que nuestros allegados se sorprenderían al saber que existen.

Las múltiples caras de la duda

La duda tiene muchos disfraces: incertidumbre, indecisión, duda, escepticismo, confusión y falta de convicción, por nombrar algunas. Un pariente cercano de la duda es el sentimiento de insuficiencia, que fomenta los sentimientos de incompetencia, incapacidad, ineptitud, ineficacia, impotencia, inutilidad, inferioridad y mediocridad.

La duda también tiene sus virtudes. Las preguntas razonables son la base de todo estudio científico y finalidad educativa. Desde una perspectiva cristiana las dudas conducen a plantearse preguntas que normalmente conducen a soluciones. Al fin y al cabo, es normal tener dudas cuando nos enfrentamos a las complejas ideologías que nos presenta la fe. Cuando Jesús se fue a caminar sobre el agua, el apóstol Pedro le siguió y también se adentró en las olas, pero en cuanto aparecieron las dudas enseguida empezó a hundirse. Jesús alargó la mano para socorrerle y le dijo: «¡Oh, hombre de poca fe! ¿Por qué has dudado?» A los budistas se les ánima a que no se dejen atrapar por ninguna doctrina, teoría o ideología, incluida la budista; cuestionarse las cosas es una de las formas para practicar la observación profunda y desarrollar la comprensión y la compasión. A los budistas se les enseña que la fe no significa aceptar ninguna teoría hasta que has descubierto su valor en tu propia vida y en tu práctica. La fe y la duda son inseparables. El regalo de la duda es una llamada para que profundices en tu propia fe.

«Podemos dejar que las circunstancias de la vida nos endurezcan y albergar más resentimiento y más miedo, o

podemos dejar que nos ablanden y que nos hagan más
amables y que estemos más abiertos a lo que nos asusta.
Siempre podemos elegir esto. La fe es estar abiertos a lo que
nos asusta.»

PEMA CHODRON

Contemplar la semilla de la duda y por qué brota puede proporcionarnos percepciones internas que nos servirán para acceder a otros temas más profundos que están germinando en el compost de nuestra conciencia. Al examinar la duda de este modo desarrollamos una autoimagen saludable y practicamos la amorosa benevolencia que nos ayudará a adquirir una visión más profunda de nosotros mismos y a ser capaces de hacer lo mismo en nuestras relaciones con los demás.

En mi caso, escribir sobre la semilla de la duda me ha ayudado a comprender mejor una de mis experiencias; una que hasta ahora había permanecido oculta en el compost de una vida que en su mayor parte ha sido feliz y ha estado colmada de éxitos. Me atrevería a decir que, de acuerdo con los avances de la medicina y de la psicología en los últimos años, es más que probable que cuando estaba en enseñanza básica me hubieran diagnosticado lo que se conoce como TDAH (trastorno por déficit de atención e hiperactividad).

Al no tener información sobre este trastorno, mis profesores no sabían cuál era la mejor forma de ayudarme en mi aprendizaje. Lo más habitual es que la hiperactividad se considerara un tema de conducta y, por lo tanto, me castigaban como correspondía. En cuarto curso me relegaron a lo que la profesora llamaba «la fila de las manzanas podridas», que era la de los alumnos que habían sido etiquetados como «conflictivos». Este bochorno y vergüenza sirvió para plantar las semillas de la duda en mi conciencia almacén que siguen aflorando en diversos momentos de mi vida. Muchas veces me he esforzado más en mi trabajo para demostrarme algo a mí mismo, para demostrar al mundo que yo era alguien; una respuesta claramente basada en el ego. La semilla de la duda fue enterrada en un nivel muy profundo, y la regué muchas veces a lo largo de mi vida hasta que se convirtió en una historia o formación mental de insuficiencia. Normalmente, he sido mi peor crítico y he considerado que no estaba a la altura de las circunstancias. La insuficiencia, al igual que cualquier otra formación mental, se va formando con el transcurso de los años a medida que vamos dejando que los pensamientos y sentimientos se hagan realidad cuando, de hecho, la mayoría se basan en el FEAR (miedo) o falsa evidencia que parece real.

«Soy más grande y mejor de lo que imaginaba. No me creía capaz de albergar tanta bondad.»

Walt Whitman

Cuando observamos profundamente las semillas de la duda en nuestro interior, nos liberamos de las historias que las habían mantenido enterradas en el campo de nuestra conciencia. Podemos descubrir la sabiduría que nos ofrecen y transformarla en actos de amorosa benevolencia, compasión y, a veces, incluso de perdón. La profesora que creó «la fila de las manzanas podridas» no era consciente de las semillas que estaba plantando en sus alumnos. Puede que incluso pensara que esos jovencitos serían mejores gracias a sus intentos de imponer disciplina. Al igual que la Madre Teresa, puede que esa profesora tuviera dudas. Las dos siguieron con su trabajo y con la esperanza de que algún día se confirmara su fe y pudieran ver los resultados que ellas esperaban.

La duda y las relaciones

Podemos ver el impacto de la duda en todas las relaciones. Si unos padres siempre están regando la semilla de la duda, es más probable que sus hijos duden respecto a sí mismos, que sean indecisos, estén confundidos o les falte convicción. Por otra parte, cuando unos padres actúan con energía y confianza, es más probable que sus hijos actúen de formas similares.

Cuando dudo de mí mismo pongo en marcha sentimientos de inseguridad en mi pareja o en mi entorno familiar. Las personas que se han separado o divorciado suelen regar las semillas de la duda con preguntas como: «¿Estoy bien? ¿Soy digno de que me amen? ¿Volverá a quererme alguna persona?» Las personas con relaciones poco saludables o satisfactorias, en lugar de regar la semilla del amor, es más probable que dejen que sus pensamientos permanezcan en el compost de su conciencia junto con la duda, el miedo y la ira.

Estás bien tal como eres

Las dudas pueden hacer que nos cuestionemos la propia vida en general. La falta de confianza o de valor para seguir adelante o afrontar nuestras dudas puede llevarnos a dudar de nuestras metas, esperanzas y sueños. Podemos cuestionarnos nuestros éxitos, logros e incluso nuestra práctica espiritual. Las dudas nos estancan, nos impiden crecer, expandirnos, cambiar. Una de las características de la duda es el sentimiento de no ser «bastante».

Además, la duda genera la creencia de que para ser felices hemos de tener cada vez más. Si consideramos que ya estamos bien tal como somos, nos sentimos realizados personalmente y somos felices con lo que tenemos, estaremos regando la semilla de la gratitud en lugar de la semilla de la duda. En un pasaje de su poema «Saber que tenemos suficiente», la hermana Anabel, una monja de la comunidad de Thich Nhat Hanh, ilustra este concepto:

> *«Con esto basta, lo sé bien.*
> *Con esto basta, no necesito más.*
> *La llamada del pájaro en el sobrio cielo gris.»*

La semilla de la gratitud puede transformar nuestras dudas y fomentar que florezca la semilla del amor en nuestro interior, enseñarnos a tener una sólida imagen de nosotros mismos cuando caminamos con ecuanimidad junto a otros. Recientemente, una amiga me hizo el regalo de ver la posibilidad de transformar la experiencia de la «fila de las manzanas podridas» con la amable sugerencia de «Sanarás esto cuando puedas convertir la fila de las manzanas podridas en la fila de las "manzanas doradas"» y de descubrir los regalos que recibí de esa experiencia difícil. Su sugerencia me ayudó a transformar la semilla de la duda en la semilla de la gratitud.

Práctica:

PONLES NOMBRE A TUS DEMONIOS

Haz lo mismo que con el miedo, aprende a nombrar a tus demonios de la duda. «Hola, Duda. ¿Has vuelto a visitarme? ¿Te apetece un té?» Como con todas las semillas del compost, resistirse a cualquiera de ellas sólo sirve para que queden más enterradas en el campo de nuestra conciencia.

> *Inspirando, soy consciente de mi(s) duda(s).*
> *Espirando, reflexiono sobre su origen.*

Nombrar nuestras dudas o defectos nos ofrece la oportunidad de observar cómo influyen en nuestro cuerpo, sentimientos, percepciones o en la historia que estamos creando. ¿Cuánto tiempo estamos dispuestos a permitir que la semilla de la duda permanezca en nuestra conciencia mental? Aprender a nombrar y a enfrentarnos a los demonios reduce su influencia a largo plazo.

> *«Cuando aprendemos a nombrar nuestra experiencia, descubrimos una verdad sorprendente. Nos damos cuenta de que ningún estado mental, sentimiento o emoción dura más de quince o treinta segundos antes de ser sustituido por otro.»*

JACK KORNFIELD

INVESTIGA TU «HISTORIA DE DUDA»

¿Cuál es la historia o formación mental que hay en torno a tus dudas? ¿De dónde procede esta duda? ¿Cómo podrías cambiar tu centro de atención y concentrarte en regar las semillas que son más positivas y más representativas de tus valores superiores? ¿Cómo puedes cambiar tu discurso de la duda por otro que afirme tu fe: confianza en ti mismo, en los demás y en los valores que fomentan la verdadera autoestima y el amor en tus relaciones?

PRACTICA EL EFECTO PIGMALIÓN

El mito de Pigmalión es una hermosa metáfora de la transformación de la semilla de la duda. El escultor Pigmalión esculpió una estatua que para él representaba la mujer más bella del mundo. Según la historia, se enamoró de su creación. Gracias a sus oraciones, ella cobró vida y vivieron felices por siempre jamás. El «efecto Pigmalión», como se conoce, es un maravilloso antídoto contra la duda. Cuando proyectamos nuestras creencias y expectativas en otra persona para su máximo bien, regamos en ella semillas que sólo pueden transformarse en hermosas flores. Ver la belleza más profunda en nosotros mismos y en los demás es una forma muy poderosa de transformar sentimientos muy arraigados de duda y de insuficiencia.

> *«Si nuestro corazón alberga dudas, no podemos practicar.*
> *Hemos de resolver esas dudas a través de la observación*
> *profunda, dirigiéndonos a esa persona o escribiéndole,*
> *pidiéndole a nuestro maestro, a nuestro hermano o a nuestra*
> *hermana que nos alumbren para poder superar esas dudas.»*

THICH NAHT HANH

Mantras:

- Cuando surge la duda, enciendo una luz para descubrir su origen.
- Hoy observo las cualidades positivas en todas las personas que conozco.
- Cuando experimento dudas, practico la gratitud.
- Tengo suficiente y soy suficiente.

Conclusión

20

Crear un legado como maestros jardineros: atiende tu jardín interior

«Todos tenemos un jardín en nuestro interior y todo practicante ha de regresar a él para cuidarlo. Quizás en el pasado lo descuidaste durante mucho tiempo. Deberías saber qué está pasando exactamente en tu jardín e intentar poner orden. Restaura la belleza; restaura la armonía de tu jardín. Si está bien cuidado, muchas personas podrán disfrutarlo.»

Thich Nhat Hanh

En estos capítulos has tenido la oportunidad de dar un paseo por el jardín de tu conciencia, has aprendido a observar profundamente para explorar la naturaleza de tu jardín, semilla a semilla. Ahora acepta esta invitación a entender la historia de cómo se ha creado y regado este jardín. Observa las flores y la exuberante vegetación. Mira dónde han brotado semillas y dónde hay tierra yerma. Sabes que guiándote con la plena consciencia puedes crear otra historia labrando la tierra, regando las semillas del amor y transformando las semillas del sufrimiento.

¿Quiénes son los jardineros —conocidos o desconocidos— que

han contribuido a que tu vida sea como es? Empieza por tus antepasados, tus padres, familiares, amigos y compañeros, y sigue con las personas que quizá nunca se enteraron de que tuvieron un papel importante en tu mente y en tu corazón. Ahora busca un lugar tranquilo y concédete espacio y tiempo para hacer una pausa y reflexionar sobre las personas que te ayudaron a cultivar, abonar, nutrir y plantar el jardín de tu vida.

¿Quiénes fueron tus «maestros jardineros», aquellas personas que a menudo pensaron más en ti que en ellas mismas? Ahora reconoces que han sido las personas que más regaron las semillas de la amorosa benevolencia, la compasión, la alegría y la ecuanimidad. ¿Cómo cuidaron de tu vida? Tu alegría y felicidad de hoy fue regada por los jardineros que a su vez tuvieron la bendición de contar con una gran cantidad de esas semillas en sus propios jardines. Cuando regaron esas semillas, desarrollaste suficiente entendimiento para saber cómo amarte mejor a ti mismo y a los demás.

¿Quiénes fueron los jardineros que sabían lo que tenían que hacer para abonar las cualidades de la comprensión y la confianza que favorecieron tu bienestar y tu felicidad? Expresa tu aprecio por quienes fueron un ejemplo de las cualidades de la escucha atenta, el habla amorosa, la gratitud y la generosidad. Te ayudaron a construir los cimientos de la comunicación amable, el campo de la conexión y el lenguaje del corazón. No importa cuándo se regaron esas semillas, reconoce que están y que seguirán estando en el jardín de tu conciencia. Como todas las semillas, esperan las condiciones ideales para florecer y afianzarse en tu conciencia para influir en tu existencia en el mundo.

Utiliza la plena consciencia para labrar la tierra y reconocer las semillas del compost que siguen vivas en tu conciencia. ¿Quiénes fueron los jardineros que contribuyeron en tu sufrimiento o infelicidad al regar las semillas del miedo, la ira, los celos y la duda? Lo más probable es que esos jardineros no fueran conscientes de sus acciones o que no pretendieran perjudicarte; no estaban regando intencionadamente en ti las semillas de su propio sufrimiento. Cuando recuerdes a esas personas, puede que proyectes tu miedo y tu ira sobre ellas sin pensarlo.

Sin embargo, si meditas desde tu espacio de tranquilidad, puede que llegues a reconocer que en la mayoría de los casos, bajo esas circunstancias, esos jardineros lo hicieron lo mejor que supieron, dada la naturaleza y las condiciones de sus propios jardines. Puede que descubras que a través del perdón y del desapego es menos probable que sigas regando esas semillas en ti mismo y en tus seres queridos. En tu proceso de transformar las semillas del sufrimiento, desarrollarás plenamente tu capacidad para amarte a ti mismo y para amar a los demás.

Por último, aprende a caminar por el jardín de tu conciencia en un estado de gratitud profunda:

- Por ti, el jardinero.
- Por las personas que han regado ambas semillas, las del amor y las del compost.
- Por cada experiencia de amor y alegría cuyas bendiciones podemos aceptar y acoger fácilmente.
- Por cada experiencia difícil de nuestra vida que nos ofrece una oportunidad invisible para disolver la amargura o el resentimiento.

Si dedicas habitualmente un tiempo y un espacio para hacer una pausa y reflexionar conscientemente sobre la historia de tu vida, descubrirás que regar las semillas del amor se convierte en la práctica más fascinante y gratificante de tu existencia.

Directrices para el máster en jardinería

Ahora que eres consciente de tu papel como maestro jardinero, tendrás que hacer pausas de vez en cuando para revisar las lecciones que has aprendido hasta que esa práctica se vuelva espontánea. Estas directrices de repaso son una forma sencilla de compartir con los demás la esencia de tu nueva práctica, porque cuanto más cuides de tu jardín y también de los suyos, no cabe duda de que se darán cuenta de los cambios. Lo más importante es que estas directrices te servirán en esos momentos en que surgen las emociones y necesitas un recordatorio rápido de todas las herramientas que tienes como maestro jardinero de tu vida:

Practica la plena consciencia de este modo: haz una pausa, relájate y observa profundamente lo que te está sucediendo ahora, en el presente. Cuando haces una pausa, te olvidas del pasado y del futuro y te concentras en el presente inmediato: tu respiración, una persona, una tarea. Descubres ese centro de paz que hay dentro de tu mente y de tu cuerpo. Con la observación profunda, afianzas tu capacidad para ver la relación entre lo que sucede en el presente y lo que sucedió en el pasado: las semillas que fueron regadas.

Sé consciente de lo que sucede en tu cuerpo, de lo que estás sintiendo, de lo que estás pensando y percibiendo, de la historia que te estás contando y de cómo influye ésta en el jardín de tu conciencia. Tu cuerpo te está informando en cada momento de lo que te está sucediendo en el presente. Al revisar los mensajes de tu cuerpo, pensamientos y sentimientos en el momento en que aparecen, refuerzas tu conexión con el presente. Estas influencias generan una historia o formación mental que afecta a tu conciencia.

Crea una puerta imaginaria entre tu conciencia mental y tu conciencia almacén. Para que un jardín esté sano hace falta un buen filtrado y que circule bien el aire entre las flores y la tierra. Con esta imagen de la puerta abierta estás proporcionando la aireación necesaria para que las semillas circulen libremente entre los dos niveles del jardín de tu conciencia. Esta circulación positiva entre todas las semillas —las semillas del compost y las semillas del amor— favorece el bienestar mental positivo y físico del jardín. De este modo podemos fluir libremente en todas las situaciones y sentir nuestras emociones sin resistirnos a ellas o identificarnos con las mismas.

Acepta todas las semillas y evita rechazarlas; todas son maestras y oportunidades para crecer. Aceptar cada semilla a medida que va surgiendo es una gran oportunidad y quizás el mejor método para descubrir lo que realmente está pasando en cada momento.

Aprende a abonar o a regar las semillas adecuadas: las semillas del amor. Cuando comprendes a los demás puedes distinguir qué semillas requieren más atención. Sabes que es esencial regar la amorosa benevolencia, la compasión, la alegría y la ecuanimidad diariamente. Además te das cuenta de que con la escucha atenta y el habla amorosa descubres otras semillas que puede que también precisen atención, incluso puedes encontrar nuevas formas de expresar tu amor. También sabes que cuando expresas gratitud y generosidad, te preocupas menos por ti mismo y sientes mayor libertad para regar las semillas del amor en los demás.

Aprende a sacar las malas hierbas y a transformar las semillas negativas: las semillas del sufrimiento. Cuando aparezcan las semillas del sufrimiento —miedo, ira, celos y duda—, ahora podrás verlas como semillas básicas. Se manifiestan en casi todas las circunstancias donde hay ansiedad, confusión y estrés. Recuerda que todas las semillas «inter-son». Están interconectadas y se alimentan mutuamente como el compost de una tierra sana. Cuando tienes dudas, lo más probable es que el miedo y la ira se estén ocultando entre las malas hierbas esperando su oportunidad para intervenir. Cuando tienes celos, observa que puede que también exista ira. Aprende la observación profunda para trascender lo evidente y descubrir la causa que ha provocado tu reacción.

Recuerda el concepto de semilla «indicadora». Este término procede de la expresión «especie indicadora», cuya presencia en la naturaleza refleja el estado en que se encuentra un entorno específico. Por ejemplo, cuando una persona sabe escuchar atentamente, creará un entorno donde es probable que reine el habla amorosa y la ecuanimidad. Ninguna semilla está sola. Además, la ausencia de miedo, ira y duda es un recordatorio de que estás regando las semillas adecuadas. Cuando no hay sufrimiento es más fácil concentrarse en los aspectos bellos del momento.

Aprende a regar selectivamente. La canción del amor es saber qué semillas hay que regar y cuándo hemos de abonar esas cualidades en nuestros seres queridos. Cuando existe amor verdadero en nuestras relaciones, somos comprensivos. Si una flor se está marchitando, puede que haya dudas. Dedica unos momentos a refrescar esa flor. Quizá baste con recordar a los demás el regalo de su amabilidad y compasión.

Rodéate de amigos espirituales que sean capaces de regar las mejores semillas en ti y en ellos mismos. Con frecuencia, percibes mejor las semillas que hay en tu interior cuando te relacionas con amistades que pueden ver lo que tú no ves. Pocos son los amigos que nos aportan claridad y que son capaces de compartir hablando amorosamente. Sus reflexiones son fiables y la mayor esperanza para nuestra transformación y crecimiento.

La sabiduría antigua nos recuerda que hasta una hoja de hierba necesita que la animen, ¿cuánto más necesitarán nuestros seres queridos que les susurremos palabras inspiradoras? Recuerda: «Eres maravilloso. Puedes hacerlo. Tu nacimiento ha sido un regalo. Crece». ¿Estás más animado? Ahora imagínate la expresión en el rostro de tu amada pareja cuando le dices: «Eres perfecta tal como eres. Eres mi gran alegría. Estoy aquí por ti. Gracias por estar en mi vida».

Márcate el propósito de susurrar a los demás: «Estás bien tal como eres». Si respondes a esa llamada, tu vida y las de las personas que te rodean seguirán convirtiéndose en hermosos jardines. Tú, como maestro jardinero, has aprendido que las semillas del amor están dentro de ti. ¡Que despiertes a tu belleza interior para que tu vida se convierta en un legado y que tus seres queridos te recuerden siempre con amor!

Bibliografía

Altman, Donald, *Living Kindness* (*Vivir la bondad: los diez principios básicos de Buda*, Oniro, Barcelona, 2005), Inner Ocean Publishing, Inc., Makawao, Maui, 2003.

Barks, Coleman y John Moyne, *Rumi: The Book of Love: Poems of Ecstasy and Longing* (*La esencia de Rumi: una antología de sus mejores textos*, Obelisco, Barcelona, 2002), HarperCollins Publishers Inc., Nueva York, 2003.

Benson, Herbert, *Beyond the Relaxation Response: How to Harness the Healing Power*, HarperCollins Publishers Limited, Nueva York, 1985.

Borysenko, Joan, *Inner Peace for Busy People: Simple Strategies for Transforming your Life* (*Paz interior para gente ocupada*, Urano, Barcelona, 2003), Hay House, Carlsbad, California, 2001.

Breathnacht, Sarah Ban, *Simple Abundance*, Werner Books, Nueva York, 1995.

Brach, Tara, *Radical Acceptance: Embracing Your Life with the Heart of a Buddha*, Bantam, Nueva York, 2003.

Braza, Jerry, *Moment by Moment: The Art and Practice of Mindfulness* (*Momento a momento: arte y práctica de la atención*, Pax, México, 2000), Tuttle Publishing, Rutland, Vermont 1997.

Chodron, Pema, *The Places that Scare You: A Guide to Fearlessness in Difficult Times* (*Los lugares que te asustan: convertir el miedo en fortaleza en los momentos difíciles*, Oniro, Barcelona, 2006), Shambhala Publications, Boston, 2001.

Dalái Lama y Howard Cuttler, *The Art of Happiness* (*El arte de la felicidad*, DeBolsillo, Barcelona, 2005), Riverhead Books, Nueva York, 1998.

Dang Nghiem, Sister, *Healing: A Woman's Journey from Doctor to Nun*, Parallax Press, Berkeley, 2010.

Dass, Ram, *Be Love Now: The Path of the Heart*, HarperCollins, Nueva York, 2010.

Dyer, Wayne, *There's a Spiritual Solution for Every Problem*, HarperCollins, Nueva York, 2001.

Ferrucci, Piero, *The Power of Kindness: The Unexpected Benefits of Leading a Compassionate Life* (*El poder de la bondad: sólo tendremos un futuro si pensamos con el corazón*, Urano, Barcelona, 2005), Shambhala Publications, Boston, 2007.

Frankl, Viktor, *Man's Search for Meaning: An Introduction to Logotherapy* (*El hombre en busca de sentido*, Herder, Barcelona, 2010), Beacon Press, Boston, 2004.

Fronsdal, Gil, *A Monastery Within: Tales from the Buddhist Path*, Tranquil Books, California, 2010.

Gottman, John, *Seven Principles for Making Marriage Work* (*Siete reglas de oro para vivir en pareja*, Debolsillo, Barcelona, 2004), Crown Publishers, Nueva York, 2000.

Hanh, Thich Nhat, *Anger: Wisdom for Cooling the Flames* (*La ira: el dominio del fuego interior*, Oniro, Barcelona, 2009), Riverhead Books, Nueva York, 2001.

Hanh, Thich Nhat, *Buddha Mind, Buddha Body: Walking Toward Enlightment* (*La mente y el cuerpo de Buda*, Oniro, Barcelona, 2010), Parallax Press, Berkeley, 2007.

Hanh, Thich Nhat, *Creating True Peace: Ending Violence in Yourself, Your Family, Your Community, and the World*, Free Press, Nueva York, 2003.

Hanh, Thich Nhat, *Happiness: Essential Mindfulness Practices* (*La paz está en tu interior: prácticas diarias de mindfulness*, Oniro, Barcelona, 2012), Parallax Press, Berkeley, 2009.

Hanh, Thich Nhat, *The Heart of the Buddha's Teaching* (*El corazón de las enseñanzas de Buda: el arte de transformar el sufrimiento en paz, alegría y liberación*, Oniro, Barcelona, 2005), Parallax Press, Berkeley, 1998.

Hanh, Thich Nhat, *No Death, No Fear: Comforting Wisdom for Life* (*La muerte es una ilusión: la superación definitiva del miedo a morir*, Oniro, Barcelona, 2007), Riverhead Books, Nueva York, 2002.

Hanh, Thich Nhat, *Nothing to Do Nowhere to Go: Waking Up to Who You Are* (*Nada que hacer, ningún lugar adonde ir*, Oniro, Barcelona, 2010), Parallax Press, Berkeley, 2007.

Hanh, Thich Nhat, *Peace is Every Breath: A Practice for Our Busy Lives*, HarperCollins, Nueva York, 2011.

Hanh, Thich Nhat, *Reconciliation: Healing the Inner Child*, Parallax Press, Berkeley, 2010.

Hanh, Thich Nhat y Lilian Cheung, *Savor: Mindful Eating, Mindful Life*, (*Saborear*, Oniro, Barcelona, 2011), HarperOne, Nueva York. 2010.

Hanh, Thich Nhat, *Taming the Tiger Within*, Riverhead Books, Nueva York, 2005.

Hanh, Thich Nhat, *Teaching on Love* (*Enseñanzas sobre el amor: una guía para alcanzar la plenitud en las relaciones humanas*, Oniro, Barcelona, 2006), Parallax Press, Berkeley, 1997.

Hanh, Thich Nhat, *Transformation at the Base*, Parallax Press, Berkeley, 2001.

Hanh, Thich Nhat, *True Love: A Practice for Awakening the Heart* (*El verdadero amor: prácticas para renovar el corazón*, Oniro, Barcelona, 2007), Shambhala Publications, Boston, 2004.

Hanh, Thich Nhat, *True Love*, Shambhala Publications, Boston, 1997.

Hanh, Thich Nhat, *You Are Here: Discovering the Magic of the Present Moment* (*Estás aquí: la magia del momento presente*, Kairós, Barcelona, 2011), Shambhala Publications, Boston, 2009.

Hanson, Rick, *Buddha's Brain: The Practical Neuroscience of Happiness, Love and Wisdom* (*El cerebro de Buda: la neurociencia de la felicidad, el amor y la sabiduría*, Milrazones, Santander, 2011), New Harbinger, Oakland, 2009.

Jampolsky, Gerald, *Love is Letting Go of Fear* (*Amar es liberarse del miedo*, Comienzo, Madrid, 1994), Celestial Arts, Milbrae, California, 1979.

Kabat-Zinn, Jon, *Coming to Our Senses: Healing Ourselves and the World Through Mindfulness*, Hyperion, Nueva York, 2005.

Kornfield, Jack, *A Path with Heart: a Guide Through the Perils and Promises of a Spiritual Life* (*Camino con corazón: una guía a través de los peligros y promesas de la vida espiritual*, Liebre de Marzo, Barcelona, 2000), Bantam, Nueva York, 1993.

Kornfield, Jack, *The Buddha is Still Teaching: Contemporary Buddhist Wisdom*, Shambhala, Boston, 2010.

Kornfield, Jack, *The Wise Heart: A Guide to Universal Teachings of Budd-hist Psychology* (*La sabiduría del corazón: una guía a las enseñanzas universales de la psicología budista,* La Liebre de Marzo, Barcelona, 2010), Bantam, Nueva York,2008.

Larkin, Geri, *Plant Seed, Pull Weed: Nurturing the Garden of Your Life,* HarperOne, Nueva York, 2008.

Madre Teresa, *The Joy in Loving: A Guide to Daily Living* (*La alegría de amar: pensamientos para cada día,* Martínez Roca, Madrid, 2009), Penguin, Berkeley, 2000.

Martin, William, *The Couple's Tao Te Ching,* Marlow and Company, Nueva York, 2000.

McClelland, David y otros, «The Effects of Motivational Arousal through Films on Salivary Immunoglobulin A». *Psychology and Health,* número 2, vol. 2, 1988, pp. 31-52

Miller, Alice y Andrew Jenkins, *The Body Never Lies: The Lingering Effects of Hurtful Parenting* (*El cuerpo nunca miente,* Tusquets, Barcelona, 2005), W.W. Norton & Company, Nueva York, 2006.

Moore, Thomas, *Soul Mates: Honoring the Mystery of Love and Relations-hips* (*Las relaciones del alma,* Urano, Barcelona, 1998), Harper Peren-nial, Nueva York, 1994.

Muller, Wayne, *How Then Shall I live? Four Simple Questions That Reveal the Beauty and Meaning of Our Lives,* Bantam, Nueva York, 1996.

Nouwen, Henri, *Sabbatical Journey: The Diary of His Final Years* (*Diario del último año de vida de Henri Nouwen,* Promoción Popular Cristia-na, Madrid, 2002), The Crossroads Publishing, Chestnut Ridge, Nue-va York, 2000.

Norris, Gunilla, *A Mystic Garden: Working with Soil, Attending to Soul,* Bluebridge, Nueva York, 2006.

O'Donohue, John, *Anam Cara: A Book of Celtic Wisdom* (*Anam Cara: el libro de la sabiduría celta,* Sirio, Málaga, 2010), HarperCollins, Nueva York, 1998.

O'Donohue, John, *Beauty: Rediscovering the True Sources of Compassion, Serenity, and Hope,* Harper, Nueva York, 2004.

Pennington, Bail, *Centering Prayer,* Sea Shell Books, Clearwater, Florida, 1982.

Pierce, Brian J., *We Walk the Path Together: Learning from Thich Nhat Hanh and Meister Eckhart,* Maryknoll, Orbis Books, Nueva York, 2005.

Remen, Rachel Naomi, *Kitchen Table Wisdom* (*Historias para crecer, recetas para sanar*, Gaia, Madrid, 2010) Riverbend, Nueva York, 1996.

Ricard, Matthieu, *Happiness: A Guide to Developing Life's Most Important Skill*, Little Brown and Company, Nueva York, 2006.

Richo, David, *How to Be an Adult in Relationships: The Five Keys to Mindful Loving* (*Cómo llegar a ser un adulto*, Desclée de Brouwer, Bilbao, 2012) Shambhala Publications, Boston, 2002.

Rosenberg, Marshall, *Nonviolent Communication: A Language of Compassion* (*Comunicación no violenta: cómo utilizar el poder del lenguaje para evitar conflictos y alcanzar soluciones pacíficas*, Urano, Barcelona, 2000), Puddle Dancer Press, Encinitas, California, 1999.

Rowe, Peggy y Larry Ward, *Love's Garden*, Parallax Press, Berkeley, 2007.

Satir, Virginia, *Making Contact*, Celestial Arts, Berkeley, 1976.

Servan-Schreiber, David, *Anti Cancer: A New Way of Life* (*Anticáncer*, Espasa Libros, Madrid, 2008), Viking, Nueva York, 2009.

Shafir, Rebecca, *The Zen of Listening: Mindful Communication in the Age of Distraction* (*El arte de escuchar*, Grijalbo, Barcelona, 2001), Theosophical Publishing, Wheaton, Illinois, 2000.

Shunryu, Suzuki, *Zen Mind Beginner's Mind* (*Mente zen, mente de principiante: charlas informales sobre meditación y la práctica del zen*, Madrid, 2012), Weatherhill, Nueva York, 1970.

Tolle, Eckhart, *A New Earth: Awakening to Your Life's Purpose* (*Un nuevo mundo ahora: encuentra el propósito de tu vida*, Grijalbo, Barcelona, 2006), Penguin, Nueva York, 2006.

Tolle, Eckhart, *The Power of Now: A Guide to Spiritual Enlightment* (*El poder del ahora: un camino hacia la realización espiritual*, Gaia, Madrid, 2006), The New World Library, Novato, 1999.

Vardey, Lucinda y John Dalla Costa, *Being Generous: The Art of Right Living*, Vintage, Canadá, 2008.

Wiesel, Elie, *Night* (*La noche*, El Aleph Editores, Barcelona, 2002), Holt, Rinehart and Winston, Nueva York, 1999.

Zajonc, Arthur, *Meditation as Contemplative Inquiry*, Lindisfarne Books, Herndon, VA, 2009.

En agradecimiento

La felicidad es tener un maestro, una pareja, una familia, unas amistades y una práctica que «rieguen *las semillas del amor*». En primer lugar me inclino ante mi maestro: el maestro zen Thich Nhat Hanh. Sin sus enseñanzas e inspiración este libro no existiría. Le estoy especialmente agradecido por su generosa ayuda al escribir su prólogo, donde expresa elocuentemente el verdadero significado del contenido de este libro. También me inclino con respeto ante todos mis otros maestros, y especialmente ante Ram Dass y Jack Kornfield, que fueron mis primeros maestros de meditación y que despertaron en mí la pasión por la observación profunda y por vivir en el momento presente.

Mi gratitud a mis antepasados, padres y hermanos que regaron las semillas del amor dentro de mí. Mi amor y mi más profundo aprecio por mi esposa y compañera durante más de treinta años, Kathleen, cuyo apoyo y fe en mí se han mantenido inquebrantables durante este proceso. Me ha corregido mis escritos y me ha recordado amablemente que practicar estos principios es tan importante como escribir sobre los mismos. Pero lo mejor de este viaje ha sido la oportunidad que nos ha ofrecido a ambos de reflexionar sobre las semillas que hemos regado en nuestra vida en común. En Kathleen he descubierto que todos necesitamos una persona que crea en nosotros y que nos cante nuestra canción cuando nosotros la olvidamos. Gracias, Kathlen, por regar en mí las «semillas del amor»: un regalo que sigue haciéndome y una canción que sigue cantando.

Quiero honrar a mi hijo y a mi hija, Mark y Andrea. Estoy muy orgulloso de vosotros y de en lo que os estáis convirtiendo. Juntos seguimos regando las semillas del amor, a la vez que abonamos estas cualidades en mis dos amados nietos, Andrew y Daniel.

Me inclino especialmente ante mis *Kalyna Mitra* (amigos espirituales) en el mundo de la comunidad de Thich Nhat Hanh que tan bien representan y practican la plena consciencia y la amorosa benevolencia. Además, honro a una serie de maestros, incluidos los monjes de la comunidad de Plum Village y los de la abadía trapense de Lafayette, Oregón, cuyas percepciones profundas y forma de ser se han convertido en un catalizador y en un recordatorio para que viva con más autenticidad.

He tenido la bendición de contar con el apoyo editorial de Rebecca Brant, que siempre parecía entender lo que yo quería decir y ha embellecido mis palabras a través de sus reflexiones, sabiduría y visión espiritual. Me ha ayudado a crear un libro que aporta percepciones de diversas tradiciones de sabiduría siempre desde la perspectiva del amor.

Me siento muy afortunado por el continuado apoyo de Tuttle Publications, que también editó mi primer trabajo *Moment by Moment: The Art and Practice of Mindfulness*. Ha sido un placer contar con la colaboración de todo el equipo de Tuttle, y estoy especialmente agradecido por el trabajo de revisión y las reflexiones de mi editora Terri Jadick. Con mucha delicadeza y amabilidad me planteó preguntas difíciles que me obligaron a practicar la observación profunda y a no perder de vista la visión general. Su labor editorial aportó una importante y razonable visión general que ayudará al lector a desarrollar la confianza que se necesita para aplicar estas enseñanzas en su vida.

En mis años académicos tuve el privilegio de trabajar con cientos de estudiantes que me ofrecieron percepciones, historias, dificultades y oportunidades para aplicar los conceptos que presento en este libro. También he contado con la bendición de una serie de amigos que durante el proceso de revisión han hecho más inteligibles algunas partes de este libro. Gracias a sus opiniones y apoyo he podido afirmar la claridad y la importancia personal de este mensaje.

Necesitamos confianza y ánimo para iniciar cualquier viaje. El afectuoso apoyo de Nadene LeCheminant me ayudó a elaborar la propuesta que se ha materializado en este libro. Asimismo, he tenido la gran fortuna de contar con un panel de lectores de mis amigos espirituales que me han guiado y animado en este viaje: Charles Busch, Robert Brevoort, Arthur Davis, Denise Segor, Anne Marie Skierski, Michael Donovan, Peggy Lindquist, Jessica Henderson, Werner Brandt, Bob Welsh, Joe Spader, Carol Mitchell, Ken Oefelein, Larry Sipe, Alice Phalan, Martin Kopf, Dan Lassila, Randall Burton, Robert Hautala, David Steinberg, Peter Cutler y Nacho Cordova. Agradezco la ayuda de Ron Glaus y Gerald Nathan, que me brindaron su amistad, sabiduría y aclaraciones psicológicas. Aprecio mucho las aclaraciones sobre el dharma de maestros y amigos del camino como Eileen Kierra, Richard Brady y Bill Menza, y de una serie de personas cuyos nombres se mencionan en este libro o en mi sitio *web*.

Mi agradecimiento especial para Rita Thomas y Jim McBride, que me ofrecieron un refugio para escribir, conocido cariñosamente como El Granero, con sus espléndidas vistas y tranquilidad.

Por último, quiero dar las gracias a la artista, ilustradora, maestra y escritora Linda McGill por sus bellas ilustraciones. Si observas atentamente descubrirás en cada semilla las cualidades que representan. Estas ilustraciones expanden la energía de la semilla y nos ofrecen una imagen para ser conscientes de nosotros mismos y crecer. Las imágenes son un reflejo del adorable espíritu de Linda y de sus percepciones internas. Estas semillas y flores son una invitación abierta a que descubras qué semillas estás regando y en qué tipo de flor te estás convirtiendo hoy. Para las personas que estén interesadas en la observación profunda de su propio viaje de autodescubrimiento a través del arte, pueden ponerse en contacto con ella a través de su sitio *web* www.wyndvisions.com.

Me encantaría conocer tus progresos, lector, ahora que estás regando las semillas del amor en tu vida. Puedes ponerte en contacto conmigo a través de mi sitio *web*: www.wateringseedsoflove.com.

Se valorarán las anécdotas breves sobre cómo te está funcionando la aplicación de estos conceptos en tus relaciones. Con tu permiso estas historias se colgarán en mi sitio *web*.

¡Disfruta del viaje de convertirte en un maestro jardinero!

NOS CONVERTIMOS EN LO QUE CULTIVAMOS
DENTRO DE NOSOTROS.